汉语视听说系列教材 高级 上

China
中国
微
镜头
Focus

主　编　王　涛
副主编　傅　由
编　者　孔庆蓓
　　　　武传霞

北京语言大学出版社
BEIJING LANGUAGE AND CULTURE
UNIVERSITY PRESS

图书在版编目（CIP）数据

中国微镜头：汉语视听说系列教材．高级．上 ／ 王
涛主编． —— 北京 ： 北京语言大学出版社，2021.12（2024.8重印）
ISBN 978-7-5619-5938-1

Ⅰ．①中… Ⅱ．①王… Ⅲ．①汉语－听说教学－对外
汉语教学－教材 Ⅳ．①H195.4

中国版本图书馆 CIP 数据核字 (2021) 第 225108 号

中国微镜头：汉语视听说系列教材 高级（上）
ZHONGGUO WEIJINGTOU:
HANYU SHI-TING-SHUO XILIE JIAOCAI GAOJI (SHANG)

排版制作：	北京博海维创文化发展有限公司
责任印制：	邝　天
图片提供：	视觉中国　壹图网　微图网

出版发行：北京语言大学出版社

社　　址：北京市海淀区学院路 15 号，100083
网　　址：www.blcup.com
电子信箱：service@blcup.com
电　　话：编辑部　　8610-82303647/3592/3724
　　　　　国内发行　8610-82303650/3591/3648
　　　　　海外发行　8610-82303365/3080/3668
　　　　　北语书店　8610-82303653
　　　　　网购咨询　8610-82303908
印　　刷：北京富资园科技发展有限公司

版　　次：2021 年 12 月第 1 版　　　印　　次：2024 年 8 月第 4 次印刷
开　　本：787 毫米 × 1092 毫米　　1/16　　印　　张：12
字　　数：185 千字
定　　价：68.00 元

使用说明

　　《中国微镜头》是一套专门针对汉语视听说课程设计的立体化综合语言教材。视频素材选自当代中国社会热点、专题片、新闻、生活情景剧、纪录片、脱口秀、访谈、娱乐节目、影视剧、微电影、广告、歌曲等内容，利用丰富的线上视频资源，为学习者搭建基于自然语言的课堂教学环境。通过虚拟教学情境促进认知发展过程，满足学生的学习兴趣和自我发展需求，进而更大程度地挖掘内在动力，激发学习积极性、主动性，发挥视听说课程的"社会窗口"作用，促进语言学习与文化理解的有机融合。

适用对象

　　本套教材适用于汉语言专业本科生，长、短期语言进修生以及其他语言培训机构学习者。教师可根据需要自由组合感兴趣的专题内容，形成个性化教材，既可用于单独开设的视听说课程，也可作为教学材料用于综合课、口语课或听力课等课型。

教材目标

　　本套教材从学生的兴趣、生活经验和认知水平出发，倡导体验、实践、参与、合作的学习模式，注重学生语言综合运用能力以及自主式学习能力的培养，使语言学习成为学习者形成主动学习策略、提高跨文化意识的过程。

教材结构

《中国微镜头》
采取"1+1"的模块化复合式设计结构。在内容编排上，使每一课程单元在保证相当数量的语言点和文化内容的同时，做到既注重语言项目的功能教学，又可以从多方面呈现汉语口语语体特征，并体现口语语体向书面语体逐渐过渡的内在层次性。

初级（上、下）	1个主题场景＋1组功能语句
中级（上、下）	1个情景剧（短片）＋1篇人物访谈或谈话式新闻（即"说新闻"）
高级（上、下）	1个话题（专题片）＋1篇播报式新闻

　　全套教材按水平程度分为6级。各级别涵盖社会、经济、文化、教育、生活、爱情、艺术等多个主题，主题下设若干课程模块。通过教学视频语料库完成对原始语料

的数据采集、存储，并从交际、语言、文化、策略四个维度设定分类参数，再根据分级标准对视频语料进行标注、加工，从而有效控制语料选篇的难易程度，确保教学实施和评价有据可循。为保证教材编写的科学性和规范性，高级分册参照《国际中文教育中文水平等级标准》，将"词语学习"中的高等词汇标为蓝色，作为词汇学习的重点内容。同时，高级分册对视频中个别不规范的语句进行了适当的加工，从而保证了课堂教学语言的标准性。

　　每个课程单元按课前、课中、课后任务目标进行教学设计，具体分为热身、精视精听、扩展视听、歌曲欣赏、语言实践、学习笔记六个部分。在功能、场景、话题、语言点、文化等方面均衡考虑，并对其中涉及的词汇、句式、语篇结构、表达形式设计有针对性的言语输入和输出练习。

使用建议

- 每课用5~6课时完成，属于综合语言课，应遵循精讲多练、先输入后输出的教学原则。
- 通过课前预习和练习完成必要的词汇学习，不必过于拘泥词义辨析等细节。
- 语言注释内容的选取随语篇出现，不必过于强调语法规则讲解和自身系统性。可以结合例句，通过学生集体跟读或朗读形式进行操练。
- 通过朗读、复述、模仿语气对话、角色扮演、小组讨论等形式来实现言语输出。
- 通过小调查、采访等形式完成语言实践，实现课堂延展和自主式学习。
- 文化链接的内容以介绍中国国情和凸显文化特性为主，无须过多展开讨论。
- 歌曲欣赏根据教学进度安排，可用于课间或课上播放。
- 通过学习笔记提高词汇认知和语言结构的抽取、归纳能力，完成自我评价。
- 视频内容可通过扫描二维码观看或登录网址 **www.chinafocus.net.cn** 在线查询。
- 可以登录北京语言大学出版社官方网站 **www.blcup.com** 获取更多教学资源。

特别感谢

　　本套教材从整体构思到语料分类采集、统计分析、标注加工，再到后续组织编写、修订，经历了一个艰辛而漫长的过程。在此，特别感谢北京第二外国语学院汉语学院和北京语言大学出版社的支持与信任，感谢编写委员会、编辑委员会和所有编者，正是由于你们付出的辛勤努力以及为此投入的责任心和敬业精神，本套教材才得以顺利出版。

展望期待

本套教材在设计过程中借鉴了软件工程思想，从用户（学生）需求分析到产品开发，提供了一套崭新的教材生态系统设计思路。整体框架采取了半结构化、开放式的设计结构，鼓励使用教材的一线教学人员共同参与到课程开发团队里来，而不仅仅是作为一名教材的"旁观者"或"执行者"，形成学生、教师、教材、编者和出版机构间的有效互动。通过教材创新促进教育教学在课程设置和教学模式方面的改革，加速视听说教学理论研究成果向教学实践领域的转化，共同推动汉语国际教育的整体发展。素材投稿请联系：**mail@chinafocus.net.cn**。

感谢搜狐网和本套教材所涉相关作品著作权人，欢迎使用二维码登录搜狐视频在线观看。因部分著作权人暂无法取得联系，相关事宜烦请通过邮件与本教材主编联系，主编邮箱：**toddy@chinafocus.net.cn**。

Directions for Use

China Focus is a set of comprehensive Chinese teaching materials specially designed for the Chinese audiovisual-speaking course. The video clips are extracted from contemporary Chinese social hot issues, feature programs, news, sitcoms, documentaries, talk shows, interviews, entertainment programs, films and TV plays, micro films, advertisements, songs, etc. Using abundant online video resources, it builds a natural-language-based classroom teaching environment. It promotes students' cognitive development through virtual teaching situations, catering to their interest and self-development needs. It thus further explores students' internal motivation, stimulating their learning initiative, giving full play to the Chinese audiovisual-speaking course's function of being a window to the society, and promoting the integration of language learning and cultural understanding.

Target Users

This set of materials is designed for undergraduates majoring in Chinese language, non-degree students taking short-term or long-term language programs, and students of other language training institutions. Teachers can develop a personalized assortment of teaching materials based on the themes they are interested in, which can either be independently used in an audiovisual-speaking course, or as exercise materials in a comprehensive class, speaking class, listening class and other classes.

Objectives

Taking students' interest, life experience and cognition into consideration, this set of materials advocates learning through experience, practice, participation and cooperation. It pays attention to the development of students' overall language abilities and autonomous learning competence, making language learning a process that develops students' autonomous learning strategies and cross-cultural consciousness.

Structure

China Focus
It is designed using the "1+1" structure. In terms of its content arrangement, it not only ensures every unit contains a considerable amount of language points and cultural content, but also pays attention to teaching the functions of language items, without neglecting the comprehensive presentation of the stylistic features of spoken Chinese and the gradual transition to written Chinese.

China Focus	
Elementary Level (I & II)	1 theme-based scene + 1 group of functional words and sentences
Intermediate Level (I & II)	1 sitcom (short film) + 1 interview or news talk (i.e. "talking about news")
Advanced Level (I & II)	1 topic (feature program) + 1 news broadcast

This set of materials is divided into six levels, each of which is composed of several themes, encompassing society, economy, culture, education, life, love, and art. Several course modules are designed under each theme. By using the teaching video corpus, the original language data are collected and stored. It also sets up the sorting parameter in four dimensions, i.e., communication, language, culture, and strategy. It then remarks on and processes the selected video-based language data based on the grading standards, so as to effectively control the difficulty of the language data, and ensure that the practice and evaluation of teaching are not groundless. Based on *Chinese Proficiency Grading Standards for International Chinese Language Education*, the advanced volume of this series marks the advanced words in the "Word Learning" section in blue and takes them as the focus of vocabulary learning to ensure the scientificity and standardization of the textbook compilation. Meanwhile, some non-standard words and sentences in the video are properly edited in the advanced volume, so as to ensure the language standardization in classroom teaching.

Following the pre-class, in-class and post-class goals, each unit of the course is divided into six parts, i.e., warm-up, intensive watching and listening, extensive watching and listening, enjoying the song, language practice, and learning notes. It gives a balanced consideration to the functions, scenes, topics, language points and culture, and provides well-targeted language input and output exercises on the vocabulary, sentence patterns, text structures, and forms of expression involved.

Suggested Use

• Each lesson takes about 5~6 class hours. Since it is a comprehensive course, it should follow the principles of "focusing on brief explanation and frequent exercises" and "providing language input before output".

• Vocabulary is learned through previews and exercises. Students don't need to rigidly adhere to word differentiation and other details.

• Language notes are selected based on the texts. The teacher doesn't need to excessively emphasize the explanation of systematic grammar rules, but rather integrates example sentences to make students practice repeatedly by reading after the teacher or reading aloud.

- Reading aloud, retelling, making dialogues imitating the tones, role-play, group discussion, and other forms are employed to achieve language output.

- Surveys, interviews and other forms are employed for language practice, so as to extend the classroom and develop students' autonomous learning.

- Cultural links focus on the introduction to China's national condition and cultural characteristics. The teacher doesn't need to develop excessive discussions.

- The song can be played and enjoyed in or after class based on the course schedule.

- The learning notes improve students' cognition of vocabulary and their abilities to extract and summarize language structures, and to evaluate themselves.

- By scanning the QR codes, one can watch the videos online. One can also visit **www. chinafocus.net.cn** to search the information online.

- One can visit **www.blcup.com** for more teaching resources.

Acknowledgements

It takes an arduous and long process to complete this set of materials, including its overall conception, the classification and collection of language data, statistical analysis, remarking and editing, and its compilation and revision. Particular thanks are due to the School of Chinese of Beijing International Studies University and to Beijing Language and Culture University Press for their support and trust. Thanks also go to the writing committee, editorial committee, and all the authors and editors. The publication of this set of materials wouldn't be possible without your hard work, sense of responsibility and professional dedication.

Expectations

During the process of designing this set of materials, the ideas of software engineering are employed. From getting and analyzing the users'(students') needs to developing the products, brand-new ideas are provided to design the ecological system of teaching materials. Semi-structured and open-ended design structures are adopted for the overall framework. Teachers who use the teaching materials are encouraged to join the course development team instead of being merely "spectators" or "performers", thus developing the interactions among students, teachers, teaching materials, authors, and the publisher. The innovation of the teaching materials pushes forward the reform in curriculum provision and model of instruction, speeding up the application of the research findings of the audiovisual-speaking course to the teaching practice and promoting the overall development of Chinese international education. Please contact us at **mail@chinafocus. net.cn** to contribute your work.

Thanks go to Sohu.com and the copyright holders of pertinent works in this set. Feel free to scan the QR code to register for Sohu Video and watch the videos online. As for the copyright holders who we failed to contact, please reach the chief writer of the series via email at **toddy@ chinafocus.net.cn.**

目 录

1 公益篇 Public Welfare

热身　Warm-up

　　公益，字典的解释就是公众利益，也就是人们常说的"做好事，行善举"。自古以来，"行善"更多地体现为那些经济上富裕的人去帮助贫困的人。孟子所说的"穷则独善其身，达则兼济天下"，也表达了这层含义。现代社会中，公益事业让更多人有参与的机会，充分体现了社会平等、关爱与尊重的精神。

- 说一说：有哪些常见的公益活动和公益组织？

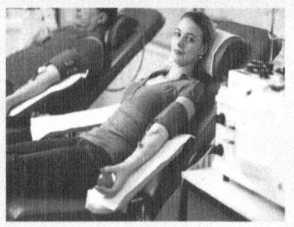

- 说一说：中国东西部地区有什么差异？哪些地方更需要这些公益活动？

精视精听　Intensive Watching and Listening

百人援青　Bǎi Rén Yuán Qīng

扫一扫看视频
视频类型：专题片
语言形式：访谈；旁白
时长：19分57秒

Part 1　00:01−05:10

1 词语学习 [课前预习，可参考附录中的词语表]

动词（v.）	怀揣 (huáichuāi)	敬畏 (jìngwèi)	震撼 (zhènhàn)
	历时 (lìshí)	途经 (tújīng)	义诊 (yìzhěn)
	注定 (zhùdìng)	彷徨 (pánghuáng)	难以 (nányǐ)
名词（n.）	行程 (xíngchéng)	路况 (lùkuàng)	县道 (xiàndào)
	基金会 (jījīnhuì)	初衷 (chūzhōng)	高原 (gāoyuán)
	关节 (guānjié)	血脂 (xuèzhī)	
形容词（adj.）	坚毅 (jiānyì)	慈善 (císhàn)	
	坑坑洼洼 (kēngkēngwāwā)		
固定结构（IE）	继……之后 (jì…zhīhòu)	涤荡心灵 (dídàng xīnlíng)	
	闻讯赶来 (wénxùn gǎnlái)		
专有名词（PN）	阿尼玛卿峰 (Ānímǎqīng Fēng)	柴达木盆地 (Cháidámù Péndì)	
	西宁 (Xīníng)	藏族 (Zàngzú)	
	青海 (Qīnghǎi)		

（1）"敬畏"是指尊重自然规律和自我道德准则的态度。完成填空，试着比较"敬畏"和"尊敬""敬重"在使用对象上的区别。

① 对老师的_____；② _____的各位来宾；

③ 对生命的_____；④ 对自然界的_____之心。

（2）"历时"常用于书面语，表示事情经过的时间。完成下面的句子，试着比较"历时"和"经过"的用法有什么不同。

① 这个活动_____8个月，耗资5000万人民币。

② _____3天的讨论，大家终于达成了一致意见。

（3）"义诊"是指公益性质的免费诊治活动。说一说什么是"义演""义卖""义捐""义工"。

（4）"初衷"是指最初的想法、目的。说一说学校举办留学生国际文化节的初衷是什么。

（5）请选择正确的词语填空，并猜猜"我们"可能是什么人。

当面对无数双纯净_____渴望的眼睛、无数双坚毅_____脆弱的面孔时，我们开始慢慢重新燃起希望。　　① 和　　② 而　　③ 却　　④ 可

2 内容提示

人的力量究竟有多大？
这是一个神秘而未知的疑问。
在6282米的阿尼玛卿峰前，
在20万平方公里的……

带着下面的问题看视频：
· 这是什么活动？组织者是谁？
· 活动现场的组织情况怎么样？

3 观看第一遍视频，完成练习

（1）根据视频内容判断对错

① 有 100 名医生参加这次"百人援青"公益活动。　　（　　）

② 除青海以外，韩红以前还支援过其他边疆少数民族地区。（　　）

③ 这次活动的主要目的是给高原地区的人送医送药。　（　　）

④ 志愿者们虽然有高原反应，但他们并没有停下工作。（　　）

⑤ "这个地方的人出不去"指的是当地民众不愿意离开家乡。（　　）

（2）分组讨论：根据视频内容填写表格

场景一	青海公路	谈话人	画外音
	① 语言形式： ② 主要内容：		
场景二	人物采访	谈话人	韩红
	① 身份： ② 语言形式： ③ 主要内容：		
场景三	人物采访	谈话人	岗日
	① 身份： ② 语言形式： ③ 主要内容：		
关键词提示	旁白、口述、介绍、活动、时间、行程、初衷、组织者、志愿者、教师、藏族、民众		

4 综合注释

- 在 6282 米的阿尼玛卿峰前，在 20 万平方公里的柴达木盆地①上，在日夜奔流不止的黄河水源头，我们怀揣着对大自然原始的敬畏与震撼，找不到答案。

① **柴达木盆地**

"柴达木"为蒙古语，意思是盐湖。柴达木盆地位于青海省西北部，有丰富的盐、石油、煤，以及多种金属矿藏。因此，也被称为"聚宝盆"。

- 这 70 公里的路程，路况不是很好，老是这样坑坑洼洼。这是县道②，我们一定要保持安全的行车距离。

② **县道**

中国普通公路按行政等级划分为国道、省道、县道和乡道，用字母（分别为 G、S、X 和 Y）加数字的方式进行标识。

- 从内陆初上高原地区的人，多数难免要经历一遭高原反应③的折磨。

③ **高原反应**

高原反应（high altitude reaction），是人体急速进入海拔 3000 米以上高原后产生的各种不适，常见的症状有头痛、失眠、食欲减退、疲倦、呼吸困难等。

5 再看一遍，边看边做

（1）根据视频内容填空

> 义诊　难免　之后　志愿者　送医送药　少数民族

① 我的这个初衷"百人系列"，本来就是想先从边疆_____地区开始做起。因为我是一个藏族人，所以每次走之前都希望，这一次能够多给老百姓看病，_____的次数多一些，捐助的、赞助的药品，其他的物品能够多一些，赞助款能多一些。

② 这是藏族女儿韩红，继援藏、援蒙、援疆＿＿＿＿＿＿，带领百余人踏上青海土地开启的韩红爱心慈善基金会"百人援青"之旅。

③ 慈善义诊、＿＿＿＿＿＿，是"百人援青"的主要项目。每天，每到一个地方，＿＿＿＿＿＿们都是早早地起床，布置现场，组织群众，维护秩序，这样忙忙碌碌地进行着他们的工作。

④ 从内陆初上高原地区的人，多数＿＿＿＿＿＿要经历一遭高原反应的折磨。

（2）分组讨论：分析片中的话语内容并完成练习

① 汉语疑问句一般通过疑问词以及"是不是、什么是、为什么、怎么了"等方式提问，本片开头提到："人的力量究竟有多大？这是一个神秘而未知的疑问。"这种自问自答的方式在汉语修辞中被称为设问。

试着分析，这种表达方式有什么好处。试一试，用设问的修辞方式完成下面的练习。

参考话题：谈一谈自己对公益的理解。

② 片中提到："从西宁出发，历时 15 天，途经共和、兴海、玛多、达日、甘德、泽库、同仁、循化、化隆，行程 2000 多公里。"

汉语的叙述、说明语篇中，通常会按时间、空间或事情发展顺序来进行叙述和说明。试一试，用蓝色词语的表达方式完成下面的练习。

参考话题：介绍自己比较远的一次旅行。

Part 2　05:11-09:00

1 词语学习 [课前预习，可参考附录中的词语表]

动词（v.）	恨不得 (hènbude)		
名词（n.）	眼科 (yǎnkē) 儿科 (érkē)	科室 (kēshì) 血细胞 (xuèxìbāo)	反差 (fǎnchā)
形容词（adj.）	随性 (suíxìng) 琐碎 (suǒsuì) 文静 (wénjìng)	感性 (gǎnxìng) 烦琐 (fánsuǒ)	轻易 (qīngyì) 明媚 (míngmèi)
固定结构（IE）	一分子 (yí fènzǐ) 不起眼 (bù qǐyǎn)	顺理成章 (shùnlǐ-chéngzhāng) 力所能及 (lìsuǒnéngjí)	

（1）"恨不得"指急切希望实现某事，却没法实现。下面哪句可以用"恨不得"？

　　① 听到父亲病重的消息，他非常着急，_____现在就回家。

　　② 马上要考试了，我_____要努力学习。

　　③ 他要做的事太多了，_____一天有 25 个小时。

（2）"反差"常用于同一主体不同方面或不同阶段的对比。完成填空，试着比较"反差"和"差别"有什么不同。

　　① 城乡_____；② 男女_____；③ 恋爱前后的_____；

　　④ 人物性格和形象的_____。

（3）"随性"是指按照自己的心情、意愿做事的状态。你是一个随性的人还是严谨的人？

（4）男性和女性相比，通常谁更"感性"一些，谁更"理性"一些？完成填空：

　　① 面对各种购物节促销活动，消费者开始学会_____消费。

　　② 人们遇到感情问题时，容易变得更_____。

（5）说一说，生活中有什么事情会让你觉得"琐碎"和"烦琐"。

2 内容提示

在韩红的志愿者团队中，明星志愿者是一个备受关注的群体。叶祖新就是其中一分子……

带着下面的问题看视频：
· 明星志愿者们是什么态度？
· 他们是如何工作的？

3 观看第一遍视频，完成练习

（1）根据视频内容判断对错

① 参加这次公益活动的志愿者们都是明星。 （　　　）
② 明星们在义诊现场很容易被发现。 （　　　）
③ 明星们做的工作非常细碎和烦琐。 （　　　）
④ 志愿者们被分配了不同的工作。 （　　　）
⑤ 妈妈不知道带着小女孩儿去哪里取药。 （　　　）

（2）分组讨论：根据视频内容填写表格

人物	描写特点
韩红	
明星们	
小女孩儿	
关键词提示	随性、爱心、感性、不起眼、光鲜亮丽、满足感、彷徨、文静

4 综合注释

- 蒋欣、董洁、海清、谭维维则在病房整理药品，发放药物。这些是普通人看来都特别不起眼④的工作，细碎、烦琐，与明星身份带来的光鲜亮丽有着鲜明的反差，明星们做起来却非常有满足感。

- 小女孩儿特别文静地站在旁边，一句话也没有说。然后我就去找韩老师，看看能不能做一些我们力所能及⑤的事情。

④ 不起眼

形容看起来很普通、不重要。

例：这家看似不起眼的花店，一年竟然能达到 200 多万的销售额。

⑤ 力所能及

【成】指尽最大的努力所能达到的。

例：关心环保，我们就要从力所能及的每一件小事做起。

5 再看一遍，边看边做

（1）根据视频内容填空

> 反差　善良　信任　关注　不起眼　满足感　顺理成章

① 在韩红的志愿者团队中，明星志愿者是一个备受_____的群体。

② 他们是恋人。这两个人，思想非常单纯，非常_____。

③ 叶祖新跟蒋欣在公益上有着相同的态度，加上对韩红的_____，他_____地加入到"百人援青"的计划中来。

④ 这些是普通人看来都特别_____的工作，细碎、烦琐，与明星身份带来的光鲜亮丽有着鲜明的_____，明星们做起来却非常有_____。

（2）分组讨论：分析片中的话语内容并完成练习

① 片中提到："叶祖新跟蒋欣在公益上有着相同的态度，加上对韩红的信任，他顺理成章地加入到'百人援青'的计划中来。"

在没有其他新话题出现时，为了语段表达的连贯，后面的句子有时会省略主语或使用人称代词和指示代词。这段语篇中先后出现了三个人物，分析一下后面的句子中省略的主语和人称代词"他"指的是谁。试着用这种表达结构完成以下练习。

参考话题：介绍你的一位中国同学或朋友。

② 片中提到："这些是普通人看来都特别不起眼的工作，细碎、烦琐，与明星身份带来的光鲜亮丽有着鲜明的反差。"

这里的"反差"可以用"差别"或"差异"代替吗？试着用这几个词完成以下表达练习。

参考话题：中国和你的国家有哪些文化差异？为什么有的留学生在自己国家和在中国的生活状态有很大的反差？

Part 3　09:01-13:15

1　词语学习［课前预习，可参考附录中的词语表］

动词（v.）	匹配 (pǐpèi)		
名词及名词短语（n. & np.）	再生障碍性贫血 (zàishēng zhàng'àixìng pínxuè) 骨髓 (gǔsuǐ)	桥段 (qiáoduàn)	平房 (píngfáng)
形容词（adj.）	渺茫 (miǎománg)		
固定结构（IE）	不知所措 (bùzhī-suǒcuò) 从……得知 (cóng…dézhī)	……不说 (…bùshuō) 调皮捣蛋 (tiáopí dǎo//dàn)	

（1）说一说，你认为求职时以下哪些方面需要和工作职位相"匹配"：

　　　① 学历　　② 婚姻　　③ 年龄　　④ 工作经历　　⑤ 专业知识

（2）"骨髓"是人体的造血组织，你还能说出哪些人体组织器官的专业术语名称？

（3）"渺茫"本意是指因距离远而模糊不清的样子。试着解释什么是"希望渺茫""前途渺茫"。

（4）"桥段"是指那些经常出现在电影或小说中的故事情节。说一说电影中有哪些常见的桥段，比如伤心时天空会下雨、主角总能躲过危险等等。

2 内容提示

> 　　小女孩儿叫欧阳晓瑾，九岁，患有再生障碍性贫血。不进行骨髓移植，随时都有生命危险……

带着下面的问题看视频：

· 小女孩儿是谁？她得了什么病？

· 她家里的情况如何？有什么办法能治病？

3 观看第一遍视频，完成练习

（1）根据视频内容判断对错

　　① 再生障碍性贫血是一种很难治疗的血液病。　　　　（　　）

　　② 欧阳晓瑾的妹妹可以救她。　　　　　　　　　　（　　）

　　③ 韩红给她妈妈 5 万块钱做手术。　　　　　　　　（　　）

　　④ 她是个坚强的孩子。　　　　　　　　　　　　　（　　）

　　⑤ 她现在没有钱交学费。　　　　　　　　　　　　（　　）

（2）分组讨论：根据视频内容填写表格

姓名	欧阳晓瑾	年龄	
	①家庭成员： ②居住情况： ③学习情况： ④病情：		

4 综合注释

• 当知道欧阳晓瑾的严重病情后，叶祖新有些不知所措⑥。

• 她仅仅是一个九岁的孩子，我挺受不了的。我九岁的时候在干吗？天天调皮捣蛋⑦。而她呢，她每天接受的是各种各样的药、各种各样的病痛。

⑥ 不知所措

【成】形容遇到事情后不知道怎么办而慌乱的样子。

例：看到自己撞车以后，女司机有点儿不知所措，甚至忘记了打电话报警。

⑦ 调皮捣蛋

指小孩子喜欢恶作剧，不听从管理的行为。

例：他小时候是个调皮捣蛋的孩子，经常把别人的玩具弄坏。

5 再看一遍，边看边做

（1）根据视频内容填空

> 不说　随时　渺茫　配型　过不去　不知所措

① 小女孩儿叫欧阳晓瑾，九岁，患有再生障碍性贫血。不进行骨髓移植，_____都有生命危险。

② 我那天觉得我救不了她，因为她的这个病挺难救的。然后，花好多钱_____，也不一定能_____成功。

③ 当知道欧阳晓瑾的严重病情后，叶祖新有些_____。

④ 我心里特别难受，我跟小朋友就说，没事，什么事情_____啊。

⑤ 现场专家的诊断结果是：欧阳晓瑾的治愈希望十分_____。

（2）分组讨论：分析片中的话语内容并完成练习

① 片中提到："我那天觉得我救不了她，因为她的这个病挺难救的。然后，花好多钱不说，也不一定能配型成功。"

她的病为什么很难治？视频中说了哪两个理由？试一试：自己设定语境，说明一件事难以实现，并给出两个理由。要求使用蓝色词语的表达形式。

② 片中韩红提到："你有钱有用吗？你来专家有用吗？你治不好她。"

这里的"你"指的是具体某个人吗？这段话表达了什么语气？根据表达的语气，句子可以分为陈述句、疑问句、祈使句和感叹句。能不能举出几个例子，试着用陈述句表示疑问功能，用疑问句表示祈使功能。

Part 4   13:16–19:57

1 **词语学习** [课前预习，可参考附录中的词语表]

动词（v.）	沉浸 (chénjìn)	充斥 (chōngchì)	筛查 (shāichá)
	释怀 (shìhuái)	质疑 (zhìyí)	作秀 (zuò//xiù)
	足以 (zúyǐ)	禁得起 (jīndeqǐ)	
名词（n.）	专项 (zhuānxiàng)	缘分 (yuánfèn)	理事长 (lǐshìzhǎng)
	蝼蚁 (lóuyǐ)	流言 (liúyán)	剧组 (jùzǔ)
	发心 (fāxīn)		
形容词（adj.）	低落 (dīluò)		
固定结构（IE）	手头上 (shǒutóu shang)	冥冥中 (míngmíng zhōng)	
	念念不忘 (niànniàn-búwàng)	芸芸众生 (yúnyún-zhòngshēng)	
	毫不起眼 (háo bù qǐyǎn)	微不足道 (wēibùzúdào)	
	多姿多彩 (duōzī-duōcǎi)	扛得住 (kángdezhù)	

（1）"质疑"是从行动上提出疑问，"怀疑"是一种心理态度。试着完成下面的

填空：

① 他得知这个消息，心里暗暗_____自己是不是听错了。

② 他对活动方案提出了_____，要求得到公开解释。

③ _____是科学的基本精神之一，不要轻信书本上说的一切。

（2）"秀"是英语 show 的音译。试着解释什么是"脱口秀""时装秀""作秀"和

"秀恩爱"。

（3）"流言"是那些流传的、没有根据的说法。说一说"流言"有哪些同义词。

（4）"手头上"是口语词，指现在正在进行的事情。例：我现在手头上有些重要的工作，不能跟你去上海。试着用"口头上"造句。

（5）"禁得起"是指能够接受、承受，常用于口语，相当于"经得起"。例：爱情能否禁得起考验是许多年轻人面对的现实问题。试着补充其他类似的动词结构短语：

①＿＿＿＿得起；②＿＿＿＿得起；③＿＿＿＿得起。

2 内容提示

> 现实的残酷，让每个人的心情都十分低落。但他们知道，不能有过多的时间沉浸在悲伤中……

带着下面的问题看视频：
- 为了给晓瑾治病，韩红做出了什么决定？
- 大家对公益是如何评价的？

3 观看第一遍视频，完成练习

（1）根据视频内容判断对错

① 韩红决定拿出 50 万来救治晓瑾。 （　　）

② 韩红报名捐献自己的骨髓。 （　　）

③ 有人怀疑韩红做公益活动的目的。 （　　）

④ 演员们的日常生活其实和普通人一样，都很忙碌。 （　　）

⑤ 发放药品工作最重要的是记住药品的名字。 （　　）

（2）分组讨论：根据视频内容填写表格

场景一	工作会议	
会议主题		
主要内容	① 治疗费用： ② 资金来源： ③ 治疗地点： ④ 电话沟通：	
场景二	接受采访	
采访话题		
主要内容	① 韩　红： ② 叶祖新： ③ 谭维维： ④ 于晓光：	
关键词提示	专项基金、公益、解释、在乎、关注、质疑、流言	

4 综合注释

- 在得知晓瑾获得救助的好消息后，叶祖新，他始终悬着的心也终于落了地。这是他此行最释怀⑧的时刻。

- 在芸芸众生⑨当中，在大自然当中，我们特别的渺小。人在地球上，渺若蝼蚁。

⑧ 释怀
指心中积压已久的情感的释放。
例：学会释怀，才能放下过去。

⑨ 芸芸众生
【成】芸芸，很多。佛教中指世界上一切有生命的东西，常用来指普通大众。

- 做着琐碎的事，毫不起眼，微不足道⑩，顶着质疑，抵住流言，明星们的公益之路走得并不轻松。

- 我告诉你，我禁得起赞扬，我就扛得住⑪谩骂。

⑩ 微不足道

【成】不值一提。

例：帮这点儿小忙微不足道，不用客气。

⑪ 扛得住

多指面对困难和压力，能够坚持下去不退让。

例：人生要经历不断的考验，扛得住风雨才能成就未来。

5 再看一遍，边看边做

（1）根据视频内容填空

> 渺小　再三　足以　作秀　手头上　多姿多彩　微不足道

① 现场还有很多很多的人，迫切地需要他们，＿＿＿＿＿＿的工作还得继续。

② 我＿＿＿＿＿＿地跟我们理事长说，真的好心疼那个小孩儿。

③ 在芸芸众生当中，在大自然当中，我们特别的＿＿＿＿＿＿。

④ 做着琐碎的事，毫不起眼，＿＿＿＿＿＿，顶着质疑，抵住流言，明星们的公益之路走得并不轻松。

⑤ 强大的信念，被理解、被需要带来的幸福感，＿＿＿＿＿＿支撑他们一路向前。

⑥ 你们一直觉得演员的生活是＿＿＿＿＿＿的，其实并不是。

⑦ 很多人说做公益，或者说做慈善是有钱人做的，或者是＿＿＿＿＿＿。

（2）分组讨论：分析片中的话语内容并完成练习

① 在视频的最后，韩红说："我不能说，因为整片森林当中，有一片叶子上有一颗小虫子，我就去否定整片森林。因为这一片叶子上有一颗小虫子，就说完了，不要进去了，整片森林一定都是虫子。在我看来，我把这颗虫子拿下来，继续往前走。"

试着回答以下问题：

A. "森林"和"虫子"分别比喻什么？韩红的本意是想说明什么？

B. 下面是一些汉语常用的比喻，你认为它们分别指的是什么：园丁、白衣天使、单身狗、围城、半边天。

② 谭维维在采访中说："他们知不知道我是谁，都不重要。重要的是，我们不要把名字搞错，不要把每一个药搞错。要真正地把这些东西拿到每个人的手上。"

谭维维认为什么重要？什么不重要？试一试：自己设定话题，用"……不重要，重要的是……"来强调一件你认为重要的事情。

语言注释

1. **继……之后**（这是藏族女儿韩红，继援藏、援蒙、援疆之后，带领百余人踏上青海土地，开启的韩红爱心慈善基金会"百人援青"之旅。）

常用于说明性语句，表示事情发生的先后顺序。例如：

① 成都成为继北京之后第二个举办世航会的中国城市。

② 迪士尼乐园是上海继世博会之后的又一个重大建设项目。

③ 继 LinkedIn 被微软收购之后，Twitter 便成为少数尚未被收购的知名社交网站之一。

2. **难以**（他们知道今天来了这么个协会，有这么多的专家，一次性这样免费地看病，这个实在是难以想象的。）

表示事情难度大，不容易实现，多用于较为正式的场合。例如：

① 他的态度实在让人难以忍受。

② 这次事故的原因比较复杂，目前还难以下结论。

③ 由于上半年出现的产能和资金问题，今年 50 万部手机的销售目标恐怕难以完成。

3. **从……得知**（后来，韩红和叶祖新从工作人员的口中得知，为了救欧阳晓瑾，家人用尽了各种办法。）

常用于说明性语句，表示消息的来源，多用于较为正式的表达。例如：

① 我是从高中同学那里得知你的联系方式的。

② 记者刚刚从奥委会得知，有两名游泳运动员被查出使用了违禁药物。

③ 从船长的航海日志得知，他们出发后一周就遇到了 14 级台风。

4. **……不说**（这个病挺难救的，花好多钱不说，也不一定能配型成功。）

常用于叙述性复句和句群，表示递进关系。大多放在前面分句的句尾，后面加"连、还、也、都、光"等，一般表示后面分句的内容更重要。例如：

① 昨天真是太倒霉了，迷路了不说，车还坏了。

② 这套教材太难了，课文内容和练习不说，每课光生词就有 100 多个。

③ 这次的文化节很热闹，参加人数和节目不说，连很多国家使馆都派来了代表。

5. **足以**（但强大的信念，被理解、被需要带来的幸福感，足以支撑他们一路向前。）

表示完全可以做到，多用于较为正式的表达场合。达不到完成某事的程度可以用"不足以"。例如：

① 这块宝石价格不菲，足以买下一幢别墅。

② 这段视频完整记录下了事发经过，足以证明事故双方的责任。

③ 输掉这场比赛之后，"失望"二字都不足以表达球迷们的心情，真的是绝望和愤怒。

综合练习

1. 选词填空

慈善　渺茫　低落　再三　禁得起　顺理成章　力所能及

（1）连续三场比赛失利后，球员们的情绪非常（　　　　）。

（2）中国队在世界杯足球预选赛中，四场比赛仅积 1 分，小组出线机会十分（　　　　）。

（3）国家准备通过立法鼓励公众和媒体对（　　　　）活动进行监督。

（4）虽然不是所有的愿望都能实现，但至少我们要尽力做好那些（　　　　）的事。

（5）老师（　　　　）强调，月底之前一定要完成论文。

（6）由于前期沟通良好，双方的深入合作也是（　　　　）的事情了。

（7）毕业前，老师送给我们一句话："人生要耐得住寂寞，也要（　　　　）诱惑。"

2. 按正确顺序排列下面的句子，组成句群

（1）表达：＿＿＿＿＿＿＿＿＿＿＿＿

a. 一个特别感性的人　　　　b. 韩红是我一个佩服的偶像

c. 她也是一个特别有爱心的人　　d. 她是一个特别随性的人

（2）表达：＿＿＿＿＿＿＿＿＿＿＿＿

a. 义诊极大地满足了当地人看病、治病的迫切需求

b. 得到好消息的人们脸上挂着明媚的笑容

c. 经过诊断

d. 然而也有人得到更加失望的消息

（3）表达：＿＿＿＿＿＿＿＿＿＿

    a. 九岁，患有再生障碍性贫血　　　b. 不进行骨髓移植

    c. 小女孩儿叫欧阳晓瑾　　　d. 随时都有生命危险

（4）表达：＿＿＿＿＿＿＿＿＿＿

    a. 我们不要把名字搞错　　　b. 他们知不知道我是谁

    c. 都不重要　　　d. 重要的是

（5）表达：＿＿＿＿＿＿＿＿＿＿

    a. 不然就不是老韩　　　b. 我就扛得住谩骂

    c. 我禁得起赞扬　　　d. 质疑对我不算什么，空气

3. 根据视频内容选择合适的答案

（1）关于韩红组织的爱心慈善活动，下面哪个地点在片中没有提到？

    A. 新疆　　　B. 西藏

    C. 青岛　　　D. 内蒙古

（2）下面哪项不属于这次"百人援青"的主要活动项目？

    A. 免费看病　　　B. 免费住院

    C. 免费治病　　　D. 免费拿药

（3）针对视频中提到的"再生障碍性贫血"，有效的解决办法是：

    A. 吃药　　　B. 骨髓移植

    C. 打针　　　D. 暂时换血

（4）片中提到："顶着质疑，抵住流言，明星们的公益之路走得并不轻松。"这句话表达了什么意思？

    A. 大家不喜欢明星　　　B. 这次公益活动路程很长

    C. 有人怀疑他们的目的　　　D. 明星们要参加很多活动

（5）片中韩红说："不能因为整片森林当中，有一片叶子上有一颗小虫子，我就去否定整片森林。"根据语境，说话人是什么意思？

A. 不在乎有人说坏话　　　　　B. 不在乎树叶上的虫子

C. 感谢大家的信任　　　　　　D. 重要的是整片森林

4. 学习分享

（1）讨论题

① 为什么边疆和高原地区的人们特别需要这样的慈善公益活动？

② 为什么会有人怀疑韩红成立慈善基金会的目的？

（2）焦点小组

练习	根据时间安排，选择完成以下任务
说一说	① 你对中国西部有哪些了解？可以从基础设施建设、经济水平、医疗条件、教育水平等方面说一说。 ② 你们国家有什么慈善公益活动？简单介绍一下。 ③ 假设你参加了这次公益活动，简要向同伴介绍一下这次"涤荡心灵的不凡之旅"。
查一查	① 查一查，最近有什么事情或者人物"备受关注"，挑出一篇有意思的，向全班介绍一下。 ② 查一查，最近有什么"义诊"，告诉你的同伴时间、地点、科室及医生信息、适合参加的人群。
演一演	① 假设你是明星志愿者，你想帮助片中患重病的小女孩儿，请准备一个募捐演讲。 ② 假设你是一名保险公司销售员，如何向你的客户介绍自己公司的人身保险产品？试着从意外险和医疗险的作用说明。

🔍 **文化链接** 青藏高原、韩红爱心慈善基金会 ▼

青藏高原

青藏高原总面积约 250 万平方千米，平均海拔 4000 米以上，是中国最大、世界上海拔最高的高原，被称为"世界屋脊"。包括西藏自治区、青海省、四川省西部、甘肃省西南部、新疆维吾尔自治区南部山地和云南省部分地区。

韩红爱心慈善基金会

韩红爱心慈善基金会由韩红发起，于 2012 年 5 月 9 日在北京成立。自 2011 年起，由韩红发起的"百人医疗援助"项目已连续开展 10 年，包括百人援藏、百人援蒙、百人援疆、百人援青、百人援贵、百人援甘、百人援宁、百人援陕、百人援川、百人援滇等大型医疗义诊公益活动，为边远地区提供了切实可见的帮助。

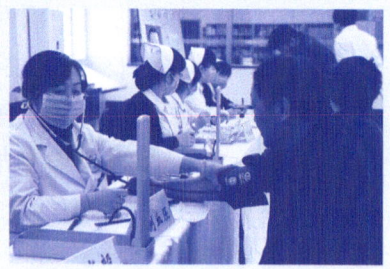

扩展视听　Extensive Watching and Listening

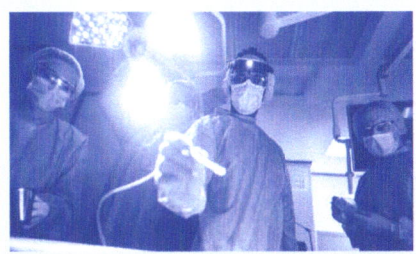

把光明留在人间
Bǎ Guāngmíng Liú Zài Rénjiān

扫一扫看视频
视频分类：新闻
语言形式：新闻播报
时长：1分33秒

关键词提示

乳腺癌 (rǔxiàn'ái)	复发 (fùfā)	捐献 (juānxiàn)	眼角膜 (yǎnjiǎomó)
台 (tái)	透露 (tòulù)	生前 (shēngqián)	夙愿 (sùyuàn)
扩散 (kuòsàn)	深圳 (Shēnzhèn)	成都 (Chéngdū)	有望 (yǒuwàng)
年仅 (nián jǐn)	触动 (chùdòng)		

[课前预习，可参考附录中的词语表]

综合练习

1. 根据视频内容填写下面的表格

捐献者		身份	
捐献器官		原因	
受捐者1		受捐者2	
详细信息	①年龄： ②地点： ③手术情况：	详细信息	①年龄： ②地点： ③手术情况：

2. 根据视频内容选择正确答案

（1）对片中"签署"一词正确的理解是：

A. 在纸上写自己的名字　　　　　B. 甲乙双方签订合同

C. 在重要文件上正式签字　　　　D. 甲乙双方签订协议

（2）片中提到："捐献眼角膜是姚贝娜生前的夙愿。"对句中"夙愿"一词正确的解释是：

A. 生前的愿望　　　　　　　　　B. 遗愿

C. 一直的心愿　　　　　　　　　D. 遗憾

（3）片中提到："这让我也非常地触动，所以我也决定把我自己的两只角膜都捐献出去。"句中"触动"一词可以替换为：

A. 激动　　　　　　　　　　　　B. 心动

C. 感动　　　　　　　　　　　　D. 冲动

（4）根据片中对姚贝娜的描述，下面哪项是不正确的？

A. 她只希望捐献眼角膜　　　　　B. 她是一名歌手

C. 她希望捐献其他器官　　　　　D. 她经过了一段时间的治疗

（5）本片标题是"把光明留在人间"，是希望通过这条新闻：

A. 介绍姚贝娜的心愿　　　　　　B. 告诉大家捐献手术成功了

C. 表达对姚贝娜的敬意　　　　　D. 告诉大家如何捐献眼角膜

3. 说一说

（1）你听说过哪些类似的感人故事？能否简单介绍一下？

（2）你知道有哪些常见的公益广告语吗？它们常用于哪些公益活动？

▶ **内容提示**

昨天，我们关注了青年歌手姚贝娜因为乳腺癌复发不幸去世的消息，而姚贝娜在病重昏迷前签署了捐献眼角膜的志愿书。前天晚上，第一台移植手术顺利进行。昨天，接受捐献的 26 岁男士已经重获光明。

姚贝娜的家人透露，捐献眼角膜是姚贝娜生前的夙愿。当知道自己时日不多的时候，她主动提出希望能够捐献全身器官，挽救更多人的生命。然而，因为癌细胞已经扩散，仅仅剩下眼角膜可以使用。

她的父亲在她病重期间代表她，于 1 月 9 号签署了无偿捐献角膜的志愿书。为了支持女儿，姚贝娜的父母也签署了捐献器官志愿书。姚贝娜的家人希望把她的眼角膜捐献给两位年轻患者，其中一位是 26 岁的深圳患者戴先生。前天晚上，移植手术在深圳眼科医院连夜进行。手术很成功。昨天上午，患者已经能够看到光明。姚贝娜的另一只眼角膜于昨天晚上抵达成都，有望帮助刚刚大学毕业、年仅 23 岁的小董恢复视力。"特别想说的一句就是，很感谢姐姐，然后也谢谢姚爸和姚妈。""这让我也非常地触动，所以我也决定把我自己的两只角膜都捐献出去，回报一下姚爸姚妈对我们的这种感情吧。"

歌曲欣赏　Enjoying the Song

天　路　Tiānlù

扫一扫看视频
演唱：韩红
填词：屈塬
作曲：印青

清晨我站在青青的牧场

看到神鹰披着那霞光

像一片祥云飞过蓝天

为藏家儿女带来吉祥

黄昏我站在高高的山冈

看那铁路修到我家乡

一条条巨龙翻山越岭

为雪域高原送来安康

那是一条神奇的天路

把人间的温暖送到边疆

从此山不再高路不再漫长

各族儿女欢聚一堂

黄昏我站在高高的山冈

看那铁路修到我家乡

一条条巨龙翻山越岭

为雪域高原送来安康

那是一条神奇的天路

带我们走进人间天堂

青稞酒酥油茶会更加香甜

幸福的歌声传遍四方

> 韩红，中国著名音乐人、女歌手，藏族。其藏文名"央金卓玛"是妙音仙女的意思。1971年，韩红出生在一个艺术之家，1980年正式加入少年儿童合唱团接受正规训练。2009年加入空军政治部文工团，2015年告别部队。

语言实践　Language Practice

调查报告

　　问一问同学或其他中国朋友，他们是否参加过学校组织的公益活动，以及他们对公益和慈善的看法。

姓名	
年龄	
性别	
对公益活动的理解	
对慈善活动的理解	
是否参加过公益活动或慈善活动（志愿者）	
其他看法	

评分项	综合表现	陈述内容	语言表达
单项分值	20	40	40
单项得分			
总分			
建议			

调查报告参考：

　　____年____月____日，我进行了有关公益和慈善活动的调查。我采访的同学是……，他/她谈了自己对公益和慈善的理解和看法……

　　然后，他/她向我介绍了自己参加过的公益活动……

学习笔记　Learning Notes

主题词汇云图：

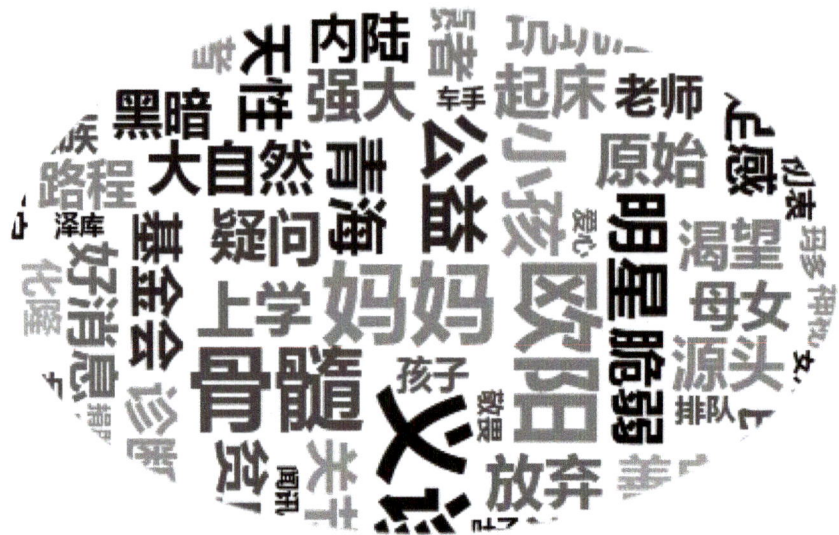

记住了哪些词语	
学会了哪些句子	
学会了哪几种表达	
自我评价	① 现在是否能和别人谈论一下对公益的看法？ ② 你最喜欢课文和练习中的哪几句话？ ③ 是否同意课文所表达的观点？

旅行篇 Travel

热身　Warm-up

　　有人说，人生就像是一段旅程，在旅程中遇到的每一个人、每一件事与每一张照片，都有可能成为一生中难忘的风景。现在随着旅游业的发展，人们的旅游目的、出行方式也在不断丰富和多样化。交通、住宿、花费等都不再是阻碍出行的理由。拿起背包，来一场说走就走的旅行，你准备好了吗？

　　"一个真正的旅行家必是一个流浪者，经历着流浪者的快乐、诱惑和探险意志。旅行必须流浪式，否则便不成其为旅行。"——林语堂

● 说一说：有哪些常见的旅行方式？

● 说一说：你去过中国的哪些名胜古迹？

精视精听　Intensive Watching and Listening

背包去凤凰　Bēi Bāo Qù Fènghuáng

扫一扫看视频
视频类型：纪录片
语言形式：旁白；口述
时长：13分30秒

Part 1　00:01−05:30

1 词语学习 [课前预习，可参考附录中的词语表]

动词（v.）	昭示 (zhāoshì)	在世 (zàishì)	流淌 (liútǎng)
	坐落 (zuòluò)	见证 (jiànzhèng)	荡漾 (dàngyàng)
	吟唱 (yínchàng)		

名词（n.）	定制游 (dìngzhìyóu)	之前 (zhīqián)	学业 (xuéyè)
	之后 (zhīhòu)	吊脚楼 (diàojiǎolóu)	青石板 (qīngshíbǎn)
	风韵 (fēngyùn)	特产 (tèchǎn)	人文 (rénwén)
	故居 (gùjū)	笔触 (bǐchù)	世家 (shìjiā)
	巡抚 (xúnfǔ)	篝火 (gōuhuǒ)	背包客 (bēibāokè)

形容词（adj.）	威严 (wēiyán)	滚烫 (gǔntàng)	舒缓 (shūhuǎn)
	朦胧 (ménglóng)		

副词（adv.）	无不 (wúbù)		

固定结构（IE）	独占鳌头 (dúzhàn-áotóu)	悠然自得 (yōurán-zìdé)

专有名词（PN）	凤凰古城 (Fènghuáng Gǔchéng)	
	湘西土家族苗族自治州 (Xiāngxī Tǔjiāzú Miáozú Zìzhìzhōu)	
	湘 (Xiāng)	沱江 (Tuó Jiāng)

（1）试着解释一下"在世"是什么意思，"人生在世""离世"和"去世"指的是什么。下面哪些词语表示这个人已经去世了？

① 生前　　② 健在　　③ 故去

（2）"坐落"一般用于描写建筑所在的位置，试着比较一下"坐落在""位于"和"在"的用法，并填空：

① 我家就＿＿＿＿三环边上，离友谊宾馆不远。

② 五台山＿＿＿＿山西省境内，是中国佛教四大名山之一。

③ 这是一家＿＿＿＿未名湖畔的餐厅。

（3）"故居"是指曾经生活居住过的地方，一般是指童年时期生活过或长期居住过的地方。很多城市为了纪念某位名人，会把他们的故居保留下来，供游人参观。你知道你所在的城市有哪些名人故居吗？

（4）"世家"一般是指世代都比较有名望的家族。试着解释什么是"武术世家""中医世家""音乐世家""世家子弟"。

（5）"湘"是湖南省的简称，你还知道哪些省的简称？根据下面这些饭店的名字，你知道饭店是什么地方的风味吗？皖南水乡、湘鄂情、沙县小吃、京味楼、沪上人家。

2 内容提示

欢迎收看《漫游》。大家好，我是丁丁。今天我们来聊聊旅游。现在旅游的方式真的是非常多，从跟团游到定制游……

带着下面的问题看视频：

· 节目中的背包客是谁？

· 凤凰是一座怎样的城市？

3 观看第一遍视频，完成练习

（1）根据视频内容判断对错

① 背包行指的就是徒步旅行。 （　　　）

② 凤凰是一座既古老又现代的城市。 （　　　）

③ 张磊是第一次来凤凰旅行。 （　　　）

④ 沈从文是一位清代作家。 （　　　）

⑤ 张磊认为旅行的收获跟花钱多少没有关系。 （　　　）

（2）分组讨论：根据视频内容填写表格

场景一	本期话题		
	谈话人	身份	
	① 谈话场景： ② 主要内容：		
场景二	凤凰古城		
	谈话人	身份	
	① 谈话场景： ② 主要内容：		
场景三	景点介绍		
	景点一	景点二	
	① 历史背景： ② 主要内容：	① 历史背景： ② 主要内容：	
关键词提示	主持人、节目、介绍、经历、旅游、路线、特产、景观、故居、博物馆、听雨楼、古建筑、陈宝箴（zhēn）		

4 综合注释

- 凤凰古城位于湘西土家族苗族自治州，依山傍水，风景秀丽。江边的吊脚楼①和历经百年沧桑但依然威严的古城楼建筑，以及青石板的老街，无不昭示着古城的别样风韵。

- 在旅行中，品尝当地的特色，也是一种很好的享受。其实一个地方最美的除了风景，还有人文②景观。很多人都知道沈从文③和他的《边城》，所以我去沈从文的故居看了看。

- 沈从文故居建于清同治五年④，还原了先生在世时的房间格局。最有特色的便是挂在墙上的文章。笔触下，无不流淌⑤着湘韵十足⑥的朴野之美⑦，以及他对家乡的热爱。

- 落雨时节，到凤凰古城博物馆的听雨楼去，别有一番滋味。它坐落在原陈宝箴世家的百年古宅内。陈宝箴是清代文人，曾任湖南巡抚，创办时务学堂，一门三代四杰⑧。

① 吊脚楼
中国西南地区少数民族常见的建筑形式，大多为多层木结构。

② 人文
主要指人类文化在精神方面的体现。

③ 沈从文
1902—1988，中国现代著名作家，代表作为小说《边城》。

④ 清同治五年
同治是清朝历史上第 10 位皇帝的年号，同治五年是 1866 年。

⑤ 流淌
本义是指水的流动，句中把文字比喻为流水，是文学作品中常用到的修辞方法。

⑥ 湘韵十足
韵，情趣、趣味。指能充分体现湖南的风格特色。

⑦ 朴野之美
指自然质朴、不拘礼节的美。

⑧ 一门三代四杰
同一家族的三代人中产生了四位杰出人士。指的是陈宝箴、陈三立、陈师曾、陈寅恪四人，他们分别在中国近现代政治、历史、文化艺术等领域留下了宝贵财富。

- 古宅保留了明清时期的古建筑风貌，建筑的顶端还有一个标志性的建筑符号，意味着独占鳌头⑨。

- 这座老宅在岁月的变迁中，见证着古城的变化。傍晚时分，沱江舒缓地流淌，水波荡漾。古城在朦胧的夜色中低吟浅唱⑩，悠然自得。

⑨ **独占鳌头**

【成】指取得领先地位。鳌，海龟，也是中国古代传说中龙的大儿子。

例：微信在中国社交软件中可以说独占鳌头。

⑩ **低吟浅唱**

本义是指轻声哼唱着歌曲。句中把江水流动的声音比拟为唱歌，是文学作品中常用到的修辞方法。

5 再看一遍，边看边做

（1）根据视频内容填空

> 故居　之后　挫折　边城　旅途　不在于　也就是

① 我叫张磊，今年 21 岁，是一名学生。之前经历了一些学业上的_____，让我很沮丧，所以我就尝试着背包旅行。_____ 我就爱上了这种方式。

② 凤凰是我第三次来，以前都是坐旅游大巴，这一次我是一路"徒搭"过来，_____ 徒步和搭车。_____ 中，我遇到了很多人，听到了很多故事，也遇到了很多好心人。

③ 很多人都知道沈从文和他的《_____》，所以我去沈从文的_____ 看了看。

④ 我觉得旅行的意义_____ 你花多少钱，睡多贵的酒店，而是看见的沿途的风景，听到的人生故事，收获的友情和行走的心境。

（2）分组讨论：分析片中的话语内容并完成练习

① 片中提到："现在旅游的方式真的是非常多，从跟团游到定制游，再到近两年非常流行的背包旅行。"

从 A 到 B，再到 C，是通过列举的方式，说明时间、地点、事物或思想观念的改变。试一试，用这种表达形式完成以下练习。

参考话题： 说明人们支付方式的改变过程。

② 片中提到："我觉得旅行的意义不在于你花多少钱，睡多贵的酒店，而是看见的沿途的风景，听到的人生故事，收获的友情和行走的心境。"

有时候为了突出对某个事情的看法，人们会先否定一种不认可的看法，再说出认可的看法。请试着用"……不在于……，而是 / 而在于……"结构完成下面的练习。

参考话题： 说一说你对财富的理解。

Part 2   05:31-09:05

1 词语学习［课前预习，可参考附录中的词语表］

动词（v.）	享乐 (xiǎnglè)	遭罪 (zāo//zuì)	
名词及名词短语 （n. & np.）	绿皮车 (lǜpíchē) 巨匠 (jùjiàng) 头饰 (tóushì)	现代文学 (xiàndài wénxué) 路子 (lùzi)	私塾 (sīshú)
形容词（adj.）	空心 (kōngxīn)	活络 (huóluò)	
固定结构（IE）	其实不然 (qíshí bùrán) 身临其境 (shēnlínqíjìng)	凑过去 (còu guoqu) 无辣不欢 (wú là bù huān)	
专有名词（PN）	铜仁 (Tóngrén)	吉首 (Jíshǒu)	

（1）"遭罪"多指由于条件差而让人受罪、不习惯的意思，多用于口语。说一说它的同义词和反义词是什么，并用这两个词分别说一说你最近的两个经历。

（2）"绿皮车"是指20世纪80年代以前制造的老式火车，外观是绿色的，在一些短途旅游景点或偏远地区仍有保留。现在的高铁从外观颜色、样式、乘坐体验等方面与绿皮车有什么不同？

（3）说一说"饰品""头饰""服饰""装饰"是什么意思。

（4）语素"匠"是指那些有手艺和技能的人，可以用来组成很多名词性词语。说一说"工匠""花匠""铁匠""教书匠""匠心""文学巨匠"是什么意思。

（5）"无辣不欢"是通过双重否定来表达肯定和强调，下面哪项与其他三项形式不同？

① 无话不说　② 知无不言　③ 无酒不欢　④ 无恶不作

2 内容提示

说到那个背包去凤凰古城啊，真的不大容易。因为现在很多人都觉得，背包客有什么了不起的？现在……

带着下面的问题看视频：
· 去凤凰古城有几种交通方式？
· 当地女子的服饰有什么特点？

3 观看第一遍视频，完成练习

（1）根据视频内容判断对错

① 凤凰古城没有机场。　　　　　　　　　　（　　）

② 绿皮车的优点是便宜。　　　　　　　　　（　　）

③ 沈从文小时候好奇心很重。 （　　）

④ 凤凰古城的人以前不吃辣的，现在喜欢吃辣的。 （　　）

⑤ 凤凰古城有很多少数民族。 （　　）

（2）分组讨论：根据视频内容填写表格

话题1	去凤凰古城的交通方式	
方式		
特点		
话题2	沈从文小的时候	
特点		
总结		
话题3	凤凰古城的特点	
服饰特点		
饮食特点		
关键词提示	铜仁、吉首、飞机、大巴、舒服、欣赏、风景、路子、心思、好奇心、色彩、头饰、饮食	

4 综合注释

- 很多人都觉得，背包客有什么了不起的？现在交通都很发达，也吃不了什么苦嘛。其实不然[11]，因为去凤凰呢，主要是两种方式。

- 当然这个说远了[12]，我这次正好在看一本书……大家都非常熟悉的嘛，因为作者是我国现代文学[13]史上的一位巨匠。

- 但是可能很多人不知道，沈从文小时候啊，其实用现在的话来说，叫路子特别野[14]，心思很活络。比方说，别人在宰羊，他要凑过去[15]看。别人钓鱼，他要凑过去看。谁家娶媳妇了，他也要凑过去看。

- 所以从他的作品当中，你能看出很多关于这个湘西生活很细碎的侧面的描写，给人身临其境[16]的这种感觉在里面。

⑪ **其实不然**

其实不是这样。表示转折关系，用于表达对前面内容的否定。

⑫ **说远了**

口语中常用作插入语，表示刚才的谈论偏离了话题，现在回到之前的话题。

⑬ **现代文学**

指 1917—1949 年这一历史时期的中国文学。这个时期中国出现了鲁迅、茅盾、郭沫若、巴金、老舍、曹禺、沈从文等著名文学家，创作出了一大批反映当时社会变革和文学思想的优秀文学作品。

⑭ **路子野**

指那些不常见和非正规的方式。

⑮ **凑过去**

指挨近，常用于口语。

例：墙上贴的通知字太小了，只能凑过去才能看清楚。

⑯ **身临其境**

【成】形容好像自己的亲身经历一样。

例：现在的 VR 电影能给观众带来身临其境的感觉。

- 其实我觉得凤凰这个地方，和其他地方特别地不一样。因为它有20多个民族……而且湘西的饮食⑰也很有特点。

- 抢鸭子吧，这个可精彩了。这个《边城》里面也有。把这个鸭子从楼上往河里这么一扔，下面的人早已守株待鸭⑱。

> **⑰ 湘西的饮食**
> 湘菜是中国八大菜系之一，湘西饮食主要采用当地食材，具有酸、辣、鲜、腊的特点。
>
> **⑱ 守株待鸭**
> 仿词是一种修辞手法，指根据说话人的表达需要，通过使用谐音、替换字词等方法改变原来词语的含义。这里借用成语"守株待兔"，仿为"守株待鸭"。
> 例：食全食美（十全十美）、朝酒晚舞（朝九晚五）、压力山大（亚历山大）等。

5 再看一遍，边看边做

（1）根据视频内容填空

> 野　侧面　善于　当然了　比方说　接下来　身临其境

① 沈从文小时候啊，其实用现在的话来说，叫路子特别_____，心思很活络。_____，别人在宰羊，他要凑过去看。别人钓鱼，他要凑过去看。谁家娶媳妇了，他也要凑过去看。

② 然后甚至还逃学，那个时候是从私塾中逃出来，这些事情都发生过。_____，从另外一个角度来看，他是非常_____观察生活。

③ 所以从他的作品当中，你能看出很多关于这个湘西生活很细碎的_____的描写，给人_____的这种感觉在里面。

④ 那说了这么多，_____我们去凤凰古城一家很特别的书店，一起去看一看吧。

（2）分组讨论：分析片中的话语内容并完成练习

① 片中多次出现了插入语，比如"用现在的话来说""从另外一个角度
来看""说到吃……""比方说""说了这么多"等等。

插入语也被称为语用标记语，是组织语篇常用的词汇衔接手段，常
用于话题的衔接和转换。试着用句中的表达方式，完成以下练习。

参考话题：两人一组，向同伴介绍自己国家的一种特色文化，如艺术、
特产、饮食或者风俗习惯等。

② 片中提到："如果你不能吃辣，那你真的是去那遭罪了。但是如果你
能吃辣，在那真是太享受了。"

有些经历对一些人来说是享受，对另一些人来说却可能是遭罪。试
一试，用句中蓝色词语的表达形式介绍自己曾经去过的一个地方，
说明不同人的体验感受。

Part 3   09:06-13:30

1 词语学习 [课前预习，可参考附录中的词语表]

动词（v.）	慕名 (mù//míng)	争执 (zhēngzhí)	包容 (bāoróng)
名词（n.）	杂货 (záhuò) 市面 (shìmiàn) 创意 (chuàngyì)	契机 (qìjī) 入住率 (rùzhùlǜ)	沙发客 (shāfākè) 时空 (shíkōng)
形容词（adj.）	复合型 (fùhéxíng)	显眼 (xiǎnyǎn)	从容 (cóngróng)
固定结构（IE）	山清水秀 (shānqīng-shuǐxiù) 一拍即合 (yìpāi-jíhé)	志同道合 (zhìtóng-dàohé) 风雨飘摇 (fēngyǔ-piāoyáo)	

（1）"慕名"是指受到名气吸引，"慕"有"向往、敬仰"的意思。试着解释什么是"仰慕""慕名而来"。

（2）"契机"是指新的机会。试着说一说什么是"合作契机""发展契机""转变契机"，并用含有"机"的词语（机会、商机、契机）填空：

① 来中国留学，是一个学习汉语、体验文化的好（   ）。

② 今年，公司迎来了新的发展（   ）。

③ 中外客商寻找（   ），洽谈合作。

（3）"市面"是名词，指市场和商业活动的一般状况。通过下面的例子，试着说一说"市面"与"面市"有什么不同。

① 市面上流行的同类 APP 有上百种。

② 最新的 5G 手机什么时候能面市？

③ 产品面市之后，大批的仿制品开始出现。

④ 他们最终以高出市面 10% 的价格成交。

（4）"创意"是指创新的思维意识。试着解释什么是"产品创意""创意设计"。

（5）"复合型"是指多种形态和功能组合在一起。你们学校有哪些专业？试着解释什么是"专业型人才""复合型人才"。

2 内容提示

凤凰古城山清水秀，很多人因此慕名前来。有些人爱上这里，便留下来开店。九木杂货书店就是其中一家……

带着下面的问题看视频：
- 店主阿珑和阿汤是怎么认识的？
- 九木杂货书店的经营方式有什么特点？

3 观看第一遍视频，完成练习

（1）根据视频内容判断对错

① 在凤凰古城开店的人有很多是外地来的。 （　　）

② 沙发客是指那些为了省钱，只能睡在别人家沙发上的游客。（　　）

③ 九木杂货书店是一家很大的书店，有很多书。 （　　）

④ 书店的二楼还可以提供免费住宿。 （　　）

⑤ 女孩儿不愿意用小镜子来交换其他物品。 （　　）

（2）分组讨论：根据视频内容填写表格

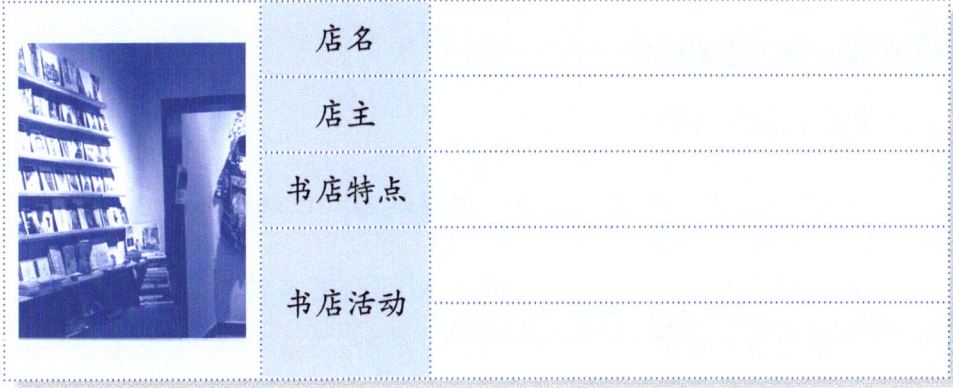

	店名	
	店主	
	书店特点	
	书店活动	

4 综合注释

• 店主阿珑之前是位老师，在一次背包旅行中，偶然遇见一个志同道合[19]的年轻人。聊起书店梦想后，二人一拍即合[20]。

⑲ 志同道合

【成】指有共同的兴趣爱好和理想目标。

例：开办公司创业和组织团队，一定要找志同道合的人。

⑳ 一拍即合

【成】指一打拍子就合上了曲子的节奏，比喻双方想法很容易一致。

- 这个契机是，我是沙发客^㉑，他是我的沙发主。沙发客这个概念就是属于互助旅游的概念。

> **㉑ 沙发客**
> 字面意思为"住别人家沙发的游客"，也用来指一种自助旅游的方式。沙发客组织可以通过志愿者提供免费住宿，深受年轻人的喜爱。

- 以物换物的也会在我们大厅的那边，最显眼^㉒的位置，就是希望有更多的人能够看到它，然后去进行交流和交换。

> **㉒ 显眼**
> 指非常明显，容易被发现，多用于口语。
> 例：这几名运动员身高都在 1.9 米以上，在人群中非常显眼。

5 再看一遍，边看边做

（1）根据视频内容填空

> 商讨　妥协　从容　温暖　以书换宿　以物换物　山清水秀　所谓

① 凤凰古城_____，很多人因此慕名前来。有些人爱上这里，便留下来开店。

② 九木杂货书店的书籍不算太多，摆放得也很自由。它们其中大多是市面上的畅销书，也有一些是店主的心爱之书。最特别的是书店的两个活动，_____和_____。读者可以留下一本自己喜欢的书，用来换取书店一晚的住宿。

③ 结果他们两个人写明信片用了十分钟的时间，_____把这个小镜子放在我们店铺，用了一上午的时间。最后男孩儿还是_____了，其实_____的爱，我感觉也是一种相互的包容。

④ 不管外面的世界风雨飘摇，九木这家小店始终活得_____而_____。店里的每一寸也为行走的背包客们守着另外一个家。

（2）分组讨论：分析片中的话语内容并完成练习

①汉语里有很多词语的语素相同，结构顺序不同，从而具有不同的词义、用法，这些词被称为同素异序词，例如"不要"和"要不"、"语法"和"法语"、"看好"和"好看"、"前提"和"提前"、"实现"和"现实"等。想一想还有哪些类似的词语，分别解释一下它们的词义、用法有什么不同。

②书店最特别的两个活动是"以书换宿"和"以物换物"。两人一组，分别扮演店主和房客的角色，模拟询问活动事项和解释具体规则。

语言注释

1. 之前……之后……（之前经历了一些学业上的挫折，让我很沮丧，所以我就尝试着背包旅行，之后我就爱上了这种方式。）

表示时间先后的关联词，常用于叙述类的复句和句群。相当于"以前""以后"，表达更为正式。例如：

①这些年大家都很忙，去年国庆节之前我在上海见过他，之后就再也没联系了。

②我学汉语的时间很短。之前在国内上过三个月的短期班，之后就再也没学过。

③来北京之前，我听说北京空气不好。到了之后，我发现这里的天空很蓝，空气也很清新。

2. V＋于（沈从文故居建于清同治五年，至今保留了先生在世时的房间格局。）

表示动作发生的时间、地点或者对象，常用于说明类语句，多为书面语形式。例如：

①北京第二外国语学院位于北京市朝阳区，地理位置优越，交通便利。

②联想控股股份有限公司成立于 1984 年，由柳传志等 11 名科研人员创立。

③我觉得你是贪于享乐，不思进取。

3. 无不（江边的吊脚楼和历经百年沧桑但依然威严的古城楼建筑，以及青石板的老街，无不昭示着古城的别样风韵。）

双重否定，表达肯定和强调的语气。后面加动词或动词短语，相当于"没有一样 / 一个不"。例如：

①乐乐虽然只有 5 岁，但看过他的绘画作品的人，无不拍手称赞。

②女排队员们在 12 年后重新获得奥运金牌，听到这一消息的人们无不欢呼雀跃。

③眼前所有这些漂亮的工艺品无不出自这个普通农村姑娘之手。

4. 说到（说到背包去凤凰古城啊，真的不大容易。）

常用于话题的延伸和深入展开。例如：

①说到吃，如果你不能吃辣的就太可惜了。

②说到去凤凰，你自己对凤凰古城有什么感受吗？

③说到公司刚成立的时候，条件非常艰苦。我们 5 个人，吃住都在一间不到 40 平方米的屋子里。

5. 说了这么多（那说了这么多，接下来我们去凤凰古城一家很特别的书店，一起去看一看吧。）

常用于总结、结束或转变话题。例如：

①说了这么多，其实商业的本质还是追求利益的最大化。

②说了这么多，都只是一些假设。下面我们来看一个具体案例。

③今天说了这么多，就是想让你们明白一个道理——要仰望星空，也要脚踏实地。

综合练习

1. 选词填空

创意　特产　坐落　在于　所谓的　比方说　身临其境

（1）新建成的滑雪场（　　　　）在松花湖自然风景区内。

（2）葡萄干、哈密瓜、大红枣都是新疆的（　　　　）。

（3）这条广告虽然只有十秒，但是拍摄得非常有（　　　　）。

（4）问题的关键不（　　　　）你怎么想，而在于你怎么做。

（5）人生在世，有许多困扰是无法解决的。（　　　　）生老病死、爱恨离别。

（6）VR电影能带给你（　　　　）的感受。

（7）其实（　　　　）爱，我觉得也是一种相互的包容与责任。

2. 按正确顺序排列下面的句子，组成句群

（1）_____

　　a. 现在旅游的方式真的是非常多

　　b. 今天我们来聊聊旅游

　　c. 再到近两年非常流行的背包旅行

　　d. 从跟团游到定制游

（2）_____

　　a. 这一次我是一路"徒搭"过来

　　b. 以前都是坐旅游大巴

　　c. 凤凰是我第三次来

　　d. 也就是徒步和搭车

（3）_____

　　a. 其实一个地方最美的除了风景

　　b. 比如说凤凰，很多人都知道沈从文和他的《边城》

　　c. 还有人文景观

　　d. 所以我去沈从文的故居看了看

（4）_____

a. 就是你能欣赏沿途的风景

b. 绿皮车有它的好处

c. 如果去凤凰的路上看这本书会特别有感觉

d. 当然这个说远了，我这次正好在看一本书

（5）_____

a. 很多人因此慕名前来

b. 九木杂货书店就是其中一家

c. 有些人爱上这里，便留下来开店

d. 凤凰古城山清水秀

3. 根据视频内容选择合适的答案

（1）片中对绿皮车的描述，下面哪项是正确的？

A. 背包客不喜欢　　　　　　　　B. 能欣赏沿途风景

C. 速度很快　　　　　　　　　　D. 乘坐很舒服

（2）片中对凤凰古城的描述，下面哪项是不正确的？

A. 有沈从文的故居　　　　　　　B. 当地人喜欢吃辣的

C. 有很多少数民族　　　　　　　D. 当地人喜欢喝茶

（3）语素"游"可以组成很多新的词语，表示旅游方式。下面哪项中的"游"与其他三项的构词义不同？

A. 春游　　　　　　　　　　　　B. 亲子游

C. 网游　　　　　　　　　　　　D. 自驾游

（4）片中提到："绿皮车有它的好处，就是你能欣赏沿途的风景。当然这个说远了，我这次正好在看一本书，如果去凤凰的路上看这本书会特别有感觉。"根据上下文语境，"说远了"在句间起什么作用？

A. 更正说明　　　　　　　　　　B. 转变新话题

C. 补充解释　　　　　　　　　　D. 回到旧话题

（5）片中提到书店想表达的理念是"杂而不杂"，对这个短语的正确理解是：

A. 看似复杂，实则简单　　　　　B. 看似物品杂乱，实则合理、有序

C. 看似简单，实则复杂　　　　　D. 看似人多脏乱，实则每天打扫

4. 学习分享

（1）讨论题

① 找一找本课有哪些描写景物的部分，使用了哪些词语和表达方法。（提示：凤凰古城、听雨楼）

② 找一找有哪些描写人物的地方，分别使用了哪些词语。（提示：沈从文、少数民族）

（2）焦点小组

练习	根据时间安排，选择完成以下任务
说一说	① 如果有一周时间去湖南旅行，你打算去哪些地方？走什么线路？使用什么交通工具？预算是多少？做一个旅行计划，并跟同伴交流。 ② 讲述你印象最深的一次旅行。
查一查	① 查一查"拉姜糖"的视频，描述一下姜糖是怎么做的。 ② 查一查，从你所在的中国某城市出发，有没有绿皮车可以到达的景点，花费多少，时间多长。你打算乘绿皮车出行吗？为什么？ ③ 查一查沈从文先生都有哪些作品。如果你打算看一本，你想看哪本？为什么？
演一演	① 辩论：旅行的种类有很多，比如定制游、背包游、跟团游、自助游等。两人一组，每人选择一种你喜欢的旅游方式，尽量说服对方同意你的方式，放弃他喜欢的方式。 ② 设计一条 5 天的旅行线路，做成 PPT 展示给全班。

🔍 **文化链接** 明清建筑、民族服饰 ▼

明清建筑

明清时期是中国古代建筑体系的最后一个发展阶段，主要成就在于园林建筑。中国古建筑以木材、砖瓦为主要建筑材料，采取木构架结构。明清建筑突出了梁、柱、檩的直接结合，简化了结构，节省了大量木材。另外，明清建筑还大量使用砖石，促进了砖石结构的发展。

民族服饰

民族服饰是指各民族文化中独有特色的服饰，也可以称为地方服饰或民俗服饰。在一些民族地区，人们日常虽然多以便装为主，但在节庆、宗教仪式、国家典礼和其他正式的场合会身着民族服饰。

扩展视听　Extensive Watching and Listening

春节出境游火爆
Chūnjié Chūjìngyóu Huǒbào

扫一扫看视频

视频分类：新闻

语言形式：新闻播报

时长：1分29秒

关键词提示

出境游 (chūjìngyóu)	海岛 (hǎidǎo)	免签 (miǎnqiān)	落地签 (luòdìqiān)
助推 (zhùtuī)	火爆 (huǒbào)	目的地 (mùdìdì)	客户群 (kèhùqún)
公众 (gōngzhòng)	无疑 (wúyí)	优质 (yōuzhì)	导购 (dǎogòu)
标识 (biāoshí)	东南亚 (Dōngnán Yà)	毛里求斯 (Máolǐqiúsī)	
塞舌尔 (Sàishé'ěr)	济州岛 (Jìzhōu Dǎo)		

中国旅游研究院 (Zhōngguó Lǚyóu Yánjiūyuàn)

[课前预习，可参考附录中的词语表]

综合练习

1. 根据视频内容填写下面的表格

时间		目的地	
客户年龄		出游方式	
和国内游相比		和去年相比	
新闻主题			
分析原因			

2. 根据视频内容选择正确答案

（1）片中提到的"长线"和"短线"是如何区分的？

    A. 预订时间   B. 价格

    C. 签证时间   D. 目的地

（2）片中提到，东南亚海岛游受欢迎的最主要原因是：

    A. 距离   B. 季节

    C. 价格   D. 签证

（3）下面哪项不属于片中提到的免签地区？

    A. 毛里求斯   B. 日本

    C. 塞舌尔   D. 韩国济州岛

（4）根据统计，今年预订去东南亚旅游的人数和去年相比有什么变化？

    A. 增长 28%   B. 增长 45%

    C. 增长 50%   D. 没有提到

（5）各国为吸引中国游客采取的措施中，下面哪项不是片中提到的？

    A. 免签和落地签   B. 提供中文导购

    C. 降低预订价格   D. 提供中文标识

3. 说一说

（1）中国游客到你们国家旅游的时候，喜欢去哪些景点？

（2）模拟旅行社部门会议，3～4人一组，讨论公众选择购买旅行社的产品时会考虑哪些因素。

▶ 内容提示

　　说完国内游，我们再来关注出境游市场。目前，长线欧美地区的出游报名已经截止了。但是，短线海岛地区的报名还在持续。今年，对我国公民免签和落地签的出游地区增加到 50 个。这些地区助推了今年出境游市场的发展。

　　受寒冷天气影响，今年以温暖为主题的地区预订火爆，尤其以东南亚海岛游最为热门。根据相关数据综合统计，预订春节期间前往东南亚方向的出游人数，较去年整体增长了近 50%。

　　出境部分的热门目的地还是主要集中在日本、韩国、中国台湾，然后是东南亚的一些线路以及海岛线路上。客户群的年龄结构，大概是以 28 到 45 周岁为主。春节期间大概都是以家庭出游为主。

　　目前，我国出境游免签、落地签地区已经增加到 50 个。像毛里求斯、塞舌尔、韩国济州岛等热门旅游目的地，都属于免签地区。您可以随时来一场说走就走的旅行。中国旅游研究院的调查报告显示，今年春节期间，公众选择出境游的比例首次超过了国内游。便利的签证政策，无疑促进了出境游市场的发展。另外，为了吸引中国游客前往，越来越多的国家和地区加大了针对中国游客的服务力度，通过增加中文导购、中文标识等服务，激发大家出游的热情。

歌曲欣赏　Enjoying the Song

呼伦贝尔大草原
Hūlúnbèi'ěr Dà Cǎoyuán

扫一扫看视频
演唱：降央卓玛
填词：克　明
作曲：乌兰托嘎

我的心爱在天边　　我的心爱在河湾

天边有一片辽阔的大草原　　额尔古纳河穿过那大草原

草原茫茫天地间　　草原母亲我爱你

洁白的蒙古包撒落在河边　　深深的河水深深的祝愿

我的心爱在高山　　呼伦贝尔大草原

高山深处是巍巍的大兴安　　白云朵朵飘在飘在我心间

林海茫茫云雾间　　呼伦贝尔大草原

矫健的雄鹰俯瞰着草原　　我的心爱我的思恋

呼伦贝尔大草原　　呼伦贝尔大草原

白云朵朵飘在飘在我心间　　白云朵朵飘在飘在我心间

呼伦贝尔大草原　　呼伦贝尔大草原

我的心爱我的思恋　　我的心爱我的思恋

降央卓玛，1984 年出生于四川省甘孜藏族自治州德格县。2005 年毕业于四川音乐学院。可以说，作为一名藏族歌手，她是完全在用自己民族的风格去演唱。降央卓玛不仅在藏族同胞中备受欢迎，也深受其他民族观众的喜爱。

语言实践 Language Practice

调查报告

课后分别采访两名中国朋友或其他外国同学，看看他们对在中国旅游有哪些看法。

姓名	
年龄	
户籍	
旅游的目的地	
报名及旅行方式	
时间和费用	
满意度和存在的问题	

评分项	综合表现	陈述内容	语言表达
单项分值	20	40	40
单项得分			
总分			
建议			

调查报告参考：

　　____年____月____日，我进行了有关旅游的调查。我采访的同学是……，他/她谈了自己对在中国旅行的看法……

　　然后，他/她向我讲述了选择旅游目的地的理由……

学习笔记　Learning Notes

主题词汇云图：

记住了哪些词语	
学会了哪些句子	
学会了哪几种表达	
自我评价	① 现在是否能和别人谈论一下对旅行的看法？ ② 你最喜欢课文和练习中的哪几句话？ ③ 你是否同意课文所表达的观点？

3 体育篇 Sport

视听目录 精视精听：体育人生

扩展视听：中国金花 网坛黑马

歌曲欣赏：我和我的祖国

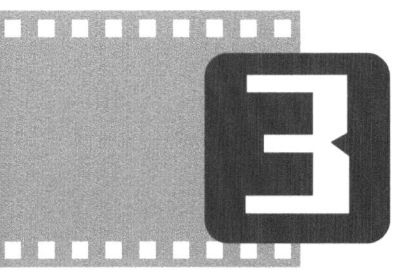

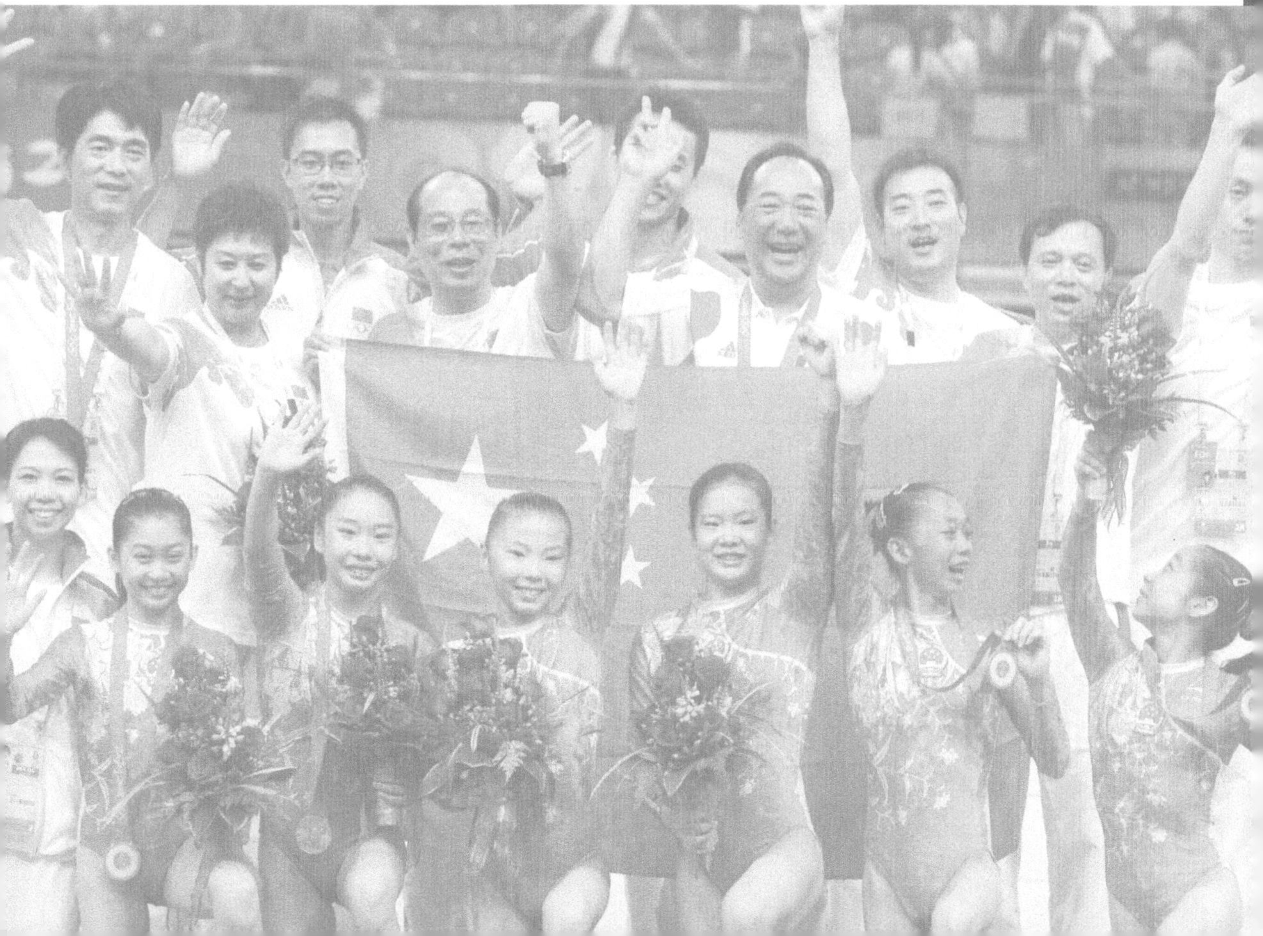

热身　Warm-up

　　现代奥林匹克创始人顾拜旦曾经说过："奥运会重要的不是胜利而是参与，生活的本质不是索取而是奋斗。在奥林匹克这个舞台上，一些人最终可能与金牌无缘，但他们一直在努力而且永不放弃。他们也应该赢得社会的尊重和敬意。"现代社会，体育越来越多地进入到人们的日常生活当中，发挥了更多的社会功能。

- 说一说：有哪些常见的体育项目？

- 你认为根据社会功能和目的不同，体育有哪些分类？

精视精听　Intensive Watching and Listening

体育人生　Tǐyù Rénshēng

扫一扫看视频
视频类型：专题片
语言形式：访谈；旁白
时长：20分00秒

Part 1　00:01−04:15

1 词语学习 [课前预习，可参考附录中的词语表]

动词及动词短语 （v. & vp.）	冠名 (guàn//míng)	竞技 (jìngjì)
	改革开放 (gǎigé kāifàng)	凯旋 (kǎixuán)
名词（n.）	天赋 (tiānfù)	吊环 (diàohuán)
	金牌 (jīnpái)	敞篷车 (chǎngpéngchē)
	巅峰 (diānfēng)	
形容词（adj.）	利索 (lìsuo)	
量词（m.）	枚 (méi)	
固定结构（IE）	不可思议 (bùkě-sīyì)	不解之缘 (bùjiězhīyuán)
	曾几何时 (céngjǐhéshí)	举国上下 (jǔguó-chàngxià)
	倾城出动 (qīngchéng chūdòng)	青黄不接 (qīnghuáng-bùjiē)
	铩羽而归 (shāyǔ-érguī)	出乎意料 (chūhū-yìliào)
专有名词（PN）	冬奥申委 (Dōng'ào Shēn-Wěi)	吉隆坡 (Jílóngpō)
	洛杉矶 (Luòshānjī)	

（1）"竞技"是指以比赛为目的的活动。说一说除了"竞技体育"，还有哪些体育形式。

（2）"天赋"是指生来就有的能力。说一说"音乐天赋""语言天赋"可能会表现在哪些方面。

（3）"举"有"全部"的含义。说一说下列哪些词语中的"举"表示"全部"。

① 轻而易举　　② 举国上下　　③ 举手之劳

④ 举世闻名　　⑤ 一举两得　　⑥ 举世无双

（4）下面是一些与奥林匹克运动会有关的简称，请解释一下它们的意思：奥运会、申奥、奥申委、奥组委、冬奥会、残奥会。

（5）"输赢、成败、好坏、早晚、生死"这些词语从构词方式来说有什么共同特点？还有哪些类似的词语？

2 内容提示

现在代表团马上就要上飞机了，就要飞赴吉隆坡了。好了，我就要在这儿跟其他的陈述人会合了……

带着下面的问题看视频：

·主持人要参加什么活动？

·被采访人是谁？他讲述了哪些经历？

3 观看第一遍视频，完成练习

（1）根据视频内容判断对错

① 北京曾经举办过夏季奥运会和冬季奥运会。　　（　　）

② 杨澜是体育节目主持人，所以参加了申奥活动。　　（　　）

③ 李宁在比赛中出现失误以后，国人对他的态度发生了改变。　　（　　）

④ 在以前的观念中，人们认为体育比赛只要能赢就行。　　（　　）

⑤ 随着民族自信心的增强，人们对输赢的观念也发生了变化。（　　）

（2）分组讨论：根据视频内容填写表格

人物一	谈话人		身份	
	主要内容	① 话题： ② 经历：		
人物二	谈话人		身份	
	主要内容	① 话题： ② 经历：		
关键词提示	关于、介绍、申奥、奥运会、竞技体育、观念、金牌、英雄、罪人			

4 综合注释

• 刚才大家在大屏幕上看到的镜头，是2015年7月《杨澜访谈录》摄制组跟随北京冬奥申委①在吉隆坡申奥，并且获得成功的激动人心的时刻。

① 北京冬奥申委

简称，全称为"北京2022年冬季奥林匹克运动会申办委员会"。

- 想想也觉得不可思议②，我一个并没有体育天赋的人，不知怎么的就和体育结下了不解之缘③。

- 又是一个高分，李宁获得了吊环比赛的金牌。漂亮的托马斯全旋④加转体，环上环下，难度大，编排新，类型全，动作长，姿势优美，完成得干净利索。

- 我们回到家乡的时候，差不多像那个小说里面讲的那样，就是倾城⑤出动。

- 1988 年，已过运动巅峰期的李宁，因为体操队的青黄不接⑥，被安排继续参加汉城奥运会。在这一届奥运会上，李宁接连出现重大失误，铩羽而归⑦。

② 不可思议

【成】形容事情很神奇，无法想象或难以理解。

例：比赛补时最后一分钟，C罗以不可思议的进球挽救了葡萄牙队。

③ 不解之缘

【成】比喻不能分开的缘分，指亲密的关系或深厚的感情。

例：从中学时候起，我就和汉语结下了不解之缘。

④ 托马斯全旋

体操动作术语，用美国运动员 Thomas 的名字来命名。

⑤ 倾城

倾，全部的。这里指全城、满城的人。

例：中国古代四大美女都有着倾国倾城的容貌。

⑥ 青黄不接

【成】青，农田的幼苗。黄，指已经成熟的谷物。比喻不到收获的时间，常用来比喻缺乏人力、财力的阶段。

例：现在厂里年老的职工面临退休，而年轻的又尚未成熟，出现了青黄不接的局面。

⑦ 铩羽而归

【成】铩羽，指翅膀受伤。比喻失败的样子。

5 再看一遍，边看边做

（1）根据视频内容填空

> 压力　动力　见证　利索　姿势　全

① 我也通过《杨澜访谈录》这个节目，_____了一批中国运动员的成长。

② 竞技体育离不开输和赢，曾几何时，运动场上的成败，与我们民族的荣誉、国家的命运紧紧地联系在一起。它可以成为巨大的_____，也可能成为巨大的_____。

③ 漂亮的托马斯全旋加转体，环上环下，难度大，编排新，类型_____，动作长，_____优美，完成得干净_____。

（2）分组讨论：分析片中的话语内容并完成练习

① 主持人杨澜说："想想也觉得不可思议，我一个并没有体育天赋的人，不知怎么的就和体育结下了不解之缘。"

"不可思议"是一个成语，指说话人对某些事情难以想象、无法理解。"不知怎么的"是口语表达形式，多用于无法解释的原因。为了前后内容的连贯，语段表达中有时候会采用一些同义词或近义词对前面的内容进行补充。试着用以上表达形式描述自己的一个经历。

参考话题：学习汉语的过程、一场冒险或者一个爱好。

② 主持人杨澜说："竞技体育离不开<u>输</u>和<u>赢</u>，曾几何时，运动场上的<u>成</u><u>败</u>呢，与我们民族的荣誉、国家的命运紧紧地联系在一起。它可以成为巨大的<u>动力</u>，也可能成为巨大的<u>压力</u>。"

语段表达中经常使用近义词替代前面句子中话题的内容，并结合一些关联词语共同出现在语篇中，把前后内容衔接起来。试着找出这段话中的词语对应关系，并结合李宁在两次奥运会上的表现和国人的反应，说一说当时国人对比赛输赢的观念是什么样的。

Part 2　　04:16–09:25

1 词语学习[课前预习，可参考附录中的词语表]

动词（v.）	驾驭（jiàyù）	回归（huíguī）	关乎（guānhū）
名词（n.）	怨言（yuànyán） 金花（jīnhuā）	体制（tǐzhì） 口号（kǒuhào）	海绵（hǎimián） 心目（xīnmù）
形容词（adj.）	直爽（zhíshuǎng）		
连词（conj.）	从而（cóng'ér）		
固定结构（IE）	一石激起千层浪（yì shí jī qǐ qiān céng làng） 锋芒毕露（fēngmáng-bìlù）　　敢作敢为（gǎnzuò-gǎnwéi） 脱口而出（tuōkǒu'érchū）　　不可估量（bùkě-gūliàng）		
专有名词（PN）	雅典（Yǎdiǎn）　　　　网管中心（Wǎng-Guǎn Zhōngxīn）		

（1）"驾驭"本义是指驱使马车前进，后常用来比喻对事情的控制。试着解释什么是"驾驭能力""驾驭未来""难以驾驭"。

（2）"回归"是指回到最初的状态或事物的本质。试着解释什么是"回归球队""回归自我""回归传统"。

（3）"关乎"是"与……有关"的文言表达形式，常用于书面语。试着用口语化的
形式解释下面的句子：

① 这不仅关系到个人的命运，更关乎法律的尊严。

② 专业的选择关乎一个人未来的职业发展方向。

③ 环境状况关乎人们的健康与幸福。

（4）"体制"是指与组织管理方式有关的规则、制度。试着解释什么是"经济体制"
"政治体制""体制改革"。

（5）说一说以下宣传口号的目的是什么。"爱护环境，人人有责""司机一滴酒，
亲人两行泪""珍爱生命，远离毒品""别让我们的眼泪成为地球上最后一滴
水""没有买卖，就没有伤害"。

2 内容提示

同样是竞技项目，李娜从事的网球和大多数奥运项目不同的是，这项运动高度国际化和职业化。雅典奥运会后……

带着下面的问题看视频：
- 网球和其他比赛项目有什么不同？
- 李娜在国家队中为什么不适应？

3 观看第一遍视频，完成练习

（1）根据视频内容判断对错

① 网球不属于竞技体育项目。　　　　　　　　　　　（　　　）

② 李娜认为国家队教练给她的帮助太少。　　　　　　（　　　）

③ 李娜对教练的不满言论引起了社会上很多人的批评。（　　　）

④ 李娜选择自己组建团队以后，生活和训练变得轻松了。（　　　）

⑤ 本段视频的中心意思是现在竞技体育已经不重要了。（　　　）

（2）分组讨论：根据视频内容填写表格

场景一	采访李娜	
话题	对自己的评价	对教练的评价
主要内容		
场景二	主持人对体育和奥运的看法	
话题	今天的体育	奥运的价值和意义
主要内容		
关键词提示	竞技体育、大众体育、参与、尊重、友谊、公平	

4 综合注释

- 2005 年，李娜曾经就国家队安排教练不合理，从而限制了自己成绩的提升，公开发出过怨言。没有想到，一石激起千层浪⑧，引起了一场有关举国体制和网球职业化发展的争论。

⑧ 一石激起千层浪

常用来比喻很小的一件事情，却引起巨大的社会反应和争论。

例：新的税收政策虽然尚未正式公布，但最近网上流传的一则消息却一石激起千层浪，引起了社会的广泛关注。

- 与传统的乖顺、听话的运动员不同，李娜一向锋芒毕露⑨，以敢作敢为著称。

- 她敢在并无前人成功经验的时候，毅然单飞⑩；也会在赛场上，直接冲观众和丈夫喊话。

- 过去谈到奥运的价值呢，我们常常会脱口而出⑪的就是"更高、更快、更强"。

⑨ 锋芒毕露

【成】锋，刀尖。芒，麦刺。常用来比喻完全表现出自己的能力和强势，多形容人气盛逞强。

例：职场新人常常被教育应该多学习、多思考，不要太锋芒毕露。

⑩ 单飞

常用来比喻脱离原来的组织、团体，进行单独行动。

例：他离开了原来的车队，选择单飞。

⑪ 脱口而出

【成】指不经过思考就很快地回答。

例：视听说课程的内容来自真实自然的语言，可以提高学习者的语言流利程度，让你脱口而出。

5 再看一遍，边看边做

（1）根据视频内容填空

> 掩饰　尽可能　不可估量　驾驭　敢作敢为　关乎

① 体育不仅仅是获得成功和荣誉的工具，它更_____人的成长和发展。

② 你只要把你的球打好，然后_____把你所有的东西展现给观众看。

③ 它在青少年心目当中所种下的那种对于体育、对于生命的热爱，其价值是_____的。

④ 我可能不太会_____自己内心的想法，所以就是有什么我会说什么。

⑤ 李娜一向锋芒毕露，以_____著称。

⑥ 她们是否能够_____这样一种新的环境，是否能够养得起自己的团队，成为当时人们心中最大的疑问。

（2）分组讨论：分析片中的话语内容并完成练习

① 片中提到："同样是竞技项目，李娜从事的网球和大多数奥运项目不同的是，这项运动高度国际化和职业化。""与传统的乖顺、听话的运动员不同，李娜一向锋芒毕露，以敢作敢为著称。"

对比是一种常见的说明方法。试一试，使用如下表达形式"同样是……，A 和 B 不同的是……"，"与 A 不同，B……"来比较两个事物。

参考话题：同样是去中国留学，去大城市和去小城市不同的是……

同样是亚洲国家，某国和某国不同的是……

② 片中提到以下两段："因为我觉得，运动员就像一个海绵一样，然后教练就跟水分一样。我的海绵可能面积比较大，所以能吸收的水分要多一些。""2008 年奥运之后，网管中心先后与晏紫、李娜、彭帅、郑洁四朵金花签订了单飞协议。"

打比方也是一种常见的说明方法，通过列举两种事物之间的相同之处进行说明，通常也包含了比喻的修辞方式。说一说语段中的"海绵"和"水分"分别比喻什么，语段中的"单飞"和"金花"分别比喻什么。

Part 3　　09:26–15:00

1 词语学习[课前预习，可参考附录中的词语表]

动词（v.）	退役 (tuìyì)	刺痛 (cìtòng)	经商 (jīng//shāng)
	接手 (jiēshǒu)	启蒙 (qǐméng)	煎熬 (jiān'áo)

名词（n.）	机制 (jīzhì)	市值 (shìzhí)
	工商证 (gōngshāngzhèng)	税务证 (shuìwùzhèng)
	理念 (lǐniàn)	专卖店 (zhuānmàidiàn)
	荣耀感 (róngyàogǎn)	季后赛 (jìhòusài)
	人情 (rénqíng)	继任者 (jìrènzhě)
	负罪感 (fùzuìgǎn)	

形容词（adj.）	优异 (yōuyì)	窘困 (jiǒngkùn)	欣喜 (xīnxǐ)
	切身 (qièshēn)	坦然 (tǎnrán)	

固定结构（IE）	开创……先河 (kāichuàng…xiānhé)	
	撑过来 (chēng guolai)	无人问津 (wúrén-wènjīn)
	难以启齿 (nányǐ-qǐchǐ)	
	捅破……窗户纸 (tǒngpò……chuānghuzhǐ)	
	长出一口气 (cháng chū yì kǒu qì)	不尽然 (bú jìnrán)

专有名词（PN）	上海东方大鲨鱼 (Shànghǎi Dōngfāng Dà Shāyú)

（1）试着比较一下"退役"和"退休"的说法有什么不同。

（2）"启蒙"是指使初学的人得到基本的、入门的知识。说一说什么是"启蒙老师""启蒙教练""启蒙教育"。

（3）"证"通常是指一些资格证明。从小到大，你都有哪些"证"？生活中常见的还有哪些"证"？

（4）说一说，"荣耀感"和"负罪感"是什么意思，在什么情况下会有下面的感觉：自豪感、挫折感、成就感、孤独感、参与感。

（5）你觉得中国社会的"人情"关系重要吗？下面哪些词语让你想到了人情关系：爱情、面子、谦虚、请客、送礼。举例说明，什么是注重人情关系的做法。

2 内容提示

　　姚明的话让我想起这样的一组照片，曾经在国内外的运动当中获得过优异比赛成绩的运动员，在退役之后生活却陷入了某种窘困……

带着下面的问题看视频：
- 运动员退役以后有哪些出路？
- 李宁和姚明选择的出路是什么？

3 观看第一遍视频，完成练习

（1）根据视频内容判断对错

① 有些取得过好成绩的运动员在退役后的生活很困难。　　　（　　）

② 很多运动员退役后仍然留在体育界工作。　　　（　　）

③ 李宁成立了国内第一家卖体育用品的公司。　　　（　　）

④ 姚明是上海人。　　　（　　）

⑤ 姚明刚开始带领球队时，遇到最大的困难是缺钱。　　　（　　）

（2）分组讨论：根据视频内容填写表格

人物	遇到的困难	解决办法
关键词提示	品牌、经验、商业环境、订货、销售模式、专卖店、荣耀感、市场化、职业化、辞退、难以启齿、捅破……窗户纸、负罪感	

4 综合注释

- 1989 年退役后，面对国人的不理解，李宁没有像其他运动员那样，选择做教练或是担任体委⑫官员，而是离开体育界，创立了"李宁"体育用品品牌，开创了中国体育用品品牌经营的先河⑬。

⑫ **体委**

体育运动委员会的简称，是中国负责体育的各级政府部门组织。1998 年改组为国家体育总局。

例：国家体委、省体委、市体委。

⑬ **开创……先河**

常用来比喻完成了前人没有做到的事情。

例：歌舞剧《丝路花雨》开创了中国民族舞剧走向世界的先河。

- 而且那个时候，整个中国的商业环境也是处于一个相对比较初级的阶段。基本上工商证、税务证⑭，你都不知道怎么办。

- 当时上海男篮已经六年都没能进入季后赛，门票卖到两块钱一张还无人问津⑮。

- 难到难以启齿，但最后还是我亲自打的电话。其实在这之前，他预料到了一些东西。因为在这之前，他也听到我们在寻找继任者，但是这层窗户纸还是要有人去捅破⑯的。

⑭ **工商证、税务证**

指当时从事商业经营需要申请的合法手续。现在已经改为公司营业执照、组织机构代码证、税务登记证、开户许可证等文件。

⑮ **无人问津**

【成】指没有人询问或感兴趣。

例：这款产品由于缺少特色而且价格过高，所以一直无人问津。

⑯ **捅破……窗户纸**

指把某些话或某些事说明白、讲清楚。

例：有时候刚开始恋爱的人，谁也不好意思先把窗户纸捅破。

5 再看一遍，边看边做

（1）根据视频内容填空

> 出路　退役　人情　体面　优异　尴尬　为难

① 姚明的话让我想起这样的一组照片，曾经在国内外的运动当中获得过＿＿＿＿比赛成绩的运动员，在＿＿＿＿之后生活却陷入了某种窘困。究竟建立起一种什么样的保障机制，才能让我们的运动员们能够有尊严地过＿＿＿＿的生活？越来越多的人认识到，要为运动员们找到退役后的＿＿＿＿，更重要的是大众体育的发展和体育产业的兴起。

② 如何借鉴 NBA 的模式，走市场化和职业化的道路，是他重振球队的关键。但令他没有想到的是，自己面临的最艰难的挑战，不是资金，而是_____。如何与带队成绩不佳的启蒙教练李秋平解约，令他陷入了极大的_____。

③ 其实做事，我觉得辛苦一点儿什么的，一个想做事的人都是可以承受的。就是这种带有_____和为难的，其实就是做成了，心里也不是完全的坦然和快乐。

（2）分组讨论：分析片中的话语内容并完成练习

① 片中提到：“说到国民体育产业，许多人第一个想到的就是李宁。”为了更好地说明事物，语段中通常会采取举例子的方法。试着采用以上蓝色词语的表达形式，对某一话题进行深入说明。

参考话题：智能手机、平板电脑、运动服、中国菜、高铁、新能源。

② 姚明提到：“所以在很多时候，不管是换队员也好，换教练也好，心里都会有一些挣扎，这些挣扎每次都在煎熬着自己。”

A. 试着分析：姚明在哪些情况下心里会有挣扎？

B. 试着自己选择话题，用“不管 A 也好，B 也好，……都……”说明在两个不同的条件下，事情的结果都一样。

___**Part 4**___ 15:01–20:00

1 **词语学习** [课前预习，可参考附录中的词语表]

动词（v.）	揣 (chuāi)	漂泊 (piāobó)	塑造 (sùzào)
名词及名词短语 （n. & np.）	仕途 (shìtú) 帅印 (shuàiyìn)	巅 (diān) 主力 (zhǔlì)	世锦赛 (shìjǐnsài) 三大球 (sān dà qiú)
固定结构（IE）	勤工俭学 (qíngōng-jiǎnxué) 百感交集 (bǎigǎn-jiāojí) 重振雄风 (chóngzhèn-xióngfēng)	起起伏伏 (qǐqǐfúfú) 陷入低谷 (xiànrù dīgǔ) 载入史册 (zǎirù-shǐcè)	
专有名词（PN）	铁榔头 (Tiě Lángtou)	莫斯科 (Mòsīkē)	

（1）说一说"塑造"和"建造"在用法上有什么不同，并完成以下填空：

① 这座大桥是 1925 年 _____ 的。

② _____ 健康的人格是非常重要的。

③ 政府在五年内 _____ 了十几个国家公园。

④ 他在多部电影中 _____ 了多个个性鲜活的人物。

（2）"仕途"是指在政府部门工作的过程、升职的途径。试着解释"走仕途""仕途一帆风顺"是什么意思。

（3）"帅印"指古时候军队统帅的印章，象征着权利。例：苹果公司宣布由库克（Timothy Cook）出任 CEO，替代乔布斯执掌帅印。试着用"帅印"造句。

（4）说一说下面哪些运动项目属于"三大球"和"三小球"：足球、橄榄球、篮球、乒乓球、羽毛球、排球、网球、高尔夫球、冰球。

（5）你知道学校和社会上有哪些"勤工俭学"的方式吗？

2 内容提示

　　许多运动员在退役后，开始尝试新的生活，经营赛场外的人生。李宁、姚明选择了商业，而 1985 年郎平却……

带着下面的问题看视频：
- 郎平退役后做出了什么选择？
- 她遇到了哪些困难？又取得了什么成绩？

3 观看第一遍视频，完成练习

（1）根据视频内容判断对错

① 郎平退役后选择了自费去意大利留学。　　　　　　　　（　　）

② 她在意大利打球的时候心理压力也很大。　　　　　　　（　　）

③ 在大家眼里，郎平是一个很坚强的人。　　　　　　　　（　　）

④ 中国女排一直是世界强队。　　　　　　　　　　　　　（　　）

⑤ 2015年，郎平带领中国女排获得了奥运会冠军。　　　（　　）

（2）分组讨论：根据视频内容填写表格

　　片中李娜、姚明和郎平在接受采访的时候，都谈到了自己当时的心态。分别说一说，他们是如何描述自己的经历和内心感受的。

人物	自己的经历	内心感受

人物	自己的经历	内心感受
关键词提示	举国体制、国家队、锋芒毕露、敢作敢为、俱乐部、难以启齿、捅破……窗户纸、人情、职业队、出席、老板的脸、觉得对不起人家	

4 综合注释

- 你看老板那个脸 [17] 就不对了，所以就是说那种压力……

⑰ 脸

此处的"脸"指"脸色"，表示人的情绪，比如"脸色难看""看人脸色"等。

- 人家觉得你是一个，说是"铁榔头"[18]，那应该是一个非常坚强、有力的一个人，其实你挺感性的。

⑱ 铁榔头

指铁锤。郎平在打球的时候，拳头像锤子一样有力，加上她的姓"郎"与"榔"同音，所以被称为"铁榔头"。

- 我一直清晰地记得，2001 年在莫斯科，作为中国代表团陈述组的主持人，何振梁⑲先生在总结发言的时候曾经这样对国际奥委会的委员说："无论你们今天做出什么决定，都会被载入史册⑳，但是有一个决定能够让你们创造历史。"

⑲ 何振梁
1929—2015，曾任中国奥委会名誉主席，为中国体育事业做出了重要贡献。

⑳ 载入史册
【成】形容某人或某事非常重要，值得历史记载。

5 再看一遍，边看边做

（1）根据视频内容填空

> 未来　记忆　决赛　低谷　时隔　世界杯　重振雄风

① 郎平退役以后，中国女排也陷入了_____。1995年，在多次接到邀请后，郎平回到国内，带领中国女排_____，接连进入了世锦赛和奥运会的_____。

② 2015年9月，郎平重掌帅印后两年，中国女排赢得2015年_____冠军。_____11年，再次站上了世界最高领奖台。

③ 今天，当北京成功地申办了冬季奥运会的时候，我们谈论的更多的则是关于未来。体育曾经塑造了这个民族的_____，它更将开创这个国家的_____。

（2）分组讨论：分析片中的话语内容并完成练习

① 杨澜提到："人家觉得你是一个，说是'铁榔头'，那应该是一个非常坚强、有力的一个人。"

近义词的选择是语篇内容衔接的重要手段。在汉语中有很多描写女性容貌姿态、性格的词语，比如"楚楚动人、聪明贤惠、端庄优雅、风姿绰约"等，还有"铁娘子、女汉子、女神、女强人、虎妈"等。说一说它们分别表达了女性的什么特点。

② 片中何振梁先生对国际奥委会的委员说："无论你们今天做出什么决定，都会被<u>载入史册</u>，但是有一个决定能够让你们<u>创造历史</u>。"

暗示是通过含蓄的语言表达形式或动作使人领会、明白。请你说说"载入史册"和"创造历史"有什么不同，说话人在暗示什么。试着用暗示的语言表达形式表示希望结束谈话或者表示拒绝，看看对方是否能理解。

语言注释

1. 在……的同时（在竞技体育实力显著增强的同时，更可贵的是我们看到了人们观念的变化。）

常用于说明性的复句或句群，表示并列或递进关系，后面的小句常加"也、更、还"等连词。例如：

① 在学习语言知识的同时，还必须要结合鲜活的语境去使用。

② 人生很多时候是矛盾的，在得到的同时，也失去了原有的一些东西。

③《2015 年政府工作报告》中指出，在追求经济快速发展的同时，更要注重幸福社会的建设。

2. 曾几何时（竞技体育离不开输和赢。曾几何时，运动场上的成败呢，与我们民族的荣誉、国家的命运紧紧地联系在一起。）

常用于说明或叙述性的句群，表示过去某段时间的情况，常常与现在的状况进行对比。例如：

① 曾几何时，笔记本电脑还只是一些少数人手中的奢侈品。

② 大屏化是手机发展的一个趋势，手机屏幕逐渐缩小了手机与平板电脑之间的差距。曾几何时，手机屏幕超过 3 英寸就可以称得上大屏幕，但现在大屏幕手机的标准已经普遍提高到 5 英寸以上。

3. 从而……（2005 年李娜曾经就国家队安排教练不合理，从而限制了自己成绩的提升，公开发出过怨言。）

常用于说明或叙述性的复句或句群，表示连贯、承接关系。例如：

① 这款产品存在严重的设计问题，容易导致局部温度过热，从而增加起火风险。

② 企业希望通过电子商务平台引导消费模式，从而实现线上线下资源互通，进行立体化营销。

③ 阅读的价值是不可忽视的。父母应该学会为孩子讲书中的故事，从而引导孩子自觉自愿地去读书。

4. 以……（而）著称（李娜一向锋芒毕露，以敢作敢为著称。）

表示因为某些方面的影响而变得有名，"以" 后面可以加名词或短语。例如：

① 山西省以煤炭资源丰富而著称。

② 这家公司以生产实用、时尚、价格实惠的家居产品而著称。

③ 国庆黄金周期间，大批海内外游客涌入以热带景色著称的三亚市。

5. 一方面……另（外）一方面（说了之后我真的感觉是，一方面是长出一口气，我终于说出去了；另外一方面，也是有些负罪感。）

常用于并列关系的句群，解释或说明情况。例如：

① 学校为留学生安排了丰富的文化活动，一方面可以提高同学们的学习兴趣，另一方面也可以使大家快速地融入校园生活和社会环境。

② 世界各国都非常重视清洁能源的发展，一方面是因为新能源技术的自身优势和不断完善，另一方面是传统能源造成的环境破坏和污染问题日益严重。

综合练习

1. 选词填空

大众　竞技　体制　退役　主力　职业化　国际化

（1）研究表明，人类（　　　）运动水平已经逼近生理极限，2060年后再创造世界纪录的可能性很小。

（2）北京奥运会的体育场馆建设，也极大程度地推动了（　　　）体育的发展。

（3）这项公益基金是为从事体育事业的国家运动员，特别是那些（　　　）和伤残运动员建立的。

（4）北京国安俱乐部表示，周六对上海申花的比赛中，有2名（　　　）球员因伤不能参加比赛。

（5）专家表示，经济结构调整不能取代（　　　）结构改革。

（6）随着经济全球化的发展，教育（　　　）日益成为教育改革和发展的热点话题。

（7）中国政府希望加快体育产业的发展，鼓励运动员走（　　　）的道路。

2. 按正确顺序排列下面的句子，组成句群

（1）表达：＿＿＿＿＿＿＿＿＿＿

    a. 不仅三次参与北京的申奥

    b. 我一个并没有体育天赋的人

    c. 不知怎么的就和体育结下了不解之缘

    d. 同时呢，也两次担任北京申奥的陈述人

（2）表达：＿＿＿＿＿＿＿＿＿＿

    a. 在过去的十五年当中，中国体育的竞技成绩有着飞速的发展

    b. 而且这种竞争力也超出了所谓传统的优势项目的范围

    c. 更可贵的是我们看到了人们观念的变化

    d. 在竞技体育实力显著增强的同时

（3）表达：＿＿＿＿＿＿＿＿＿＿＿

    a. 然后教练就跟水分一样

    b. 我觉得运动员就像一个海绵一样

    c. 我的海绵可能面积比较大

    d. 所以能吸收的水分要多一些

（4）表达：＿＿＿＿＿＿＿＿＿＿＿

    a. 今天的体育不仅仅是竞技体育

    b. 不仅仅是运动员的刻苦拼搏

    c. 也是大众体育

    d. 更是普通民众可以参与和享受的生活方式

（5）表达：＿＿＿＿＿＿＿＿＿＿＿

    a. 但是只有一种决定可以创造历史

    b. 这个决定可以通过体育促进世界和中国友好相拥在一起

    c. 都将载入史册

    d. 无论你们今天做出什么样的选择

3. 根据视频内容选择合适的答案

（1）片中李宁提到："在 1988 年奥运会比赛回国之后，感觉由一个英雄变成一个罪人。这让我有点儿接受不了。"这段谈话中，让李宁接受不了的事情指的是什么？

    A. 比赛失误　　　　　　　　B. 国人的态度

    C. 没得到金牌　　　　　　　D. 内心的自责

（2）片中提到："李娜一向锋芒毕露，以敢作敢为著称。"这段话是描写李娜什么方面的特点？

    A. 年龄　　　　　　　　　　B. 语言

    C. 时代　　　　　　　　　　D. 性格

（3）"化"可以作为名词性词缀，组成很多词语。下面哪项构词形式与其他三项不同？

A. 国际化　　　　　　　　　　B. 职业化

C. 合法化　　　　　　　　　　D. 市场化

（4）片中姚明提到："其实做事，我觉得辛苦一点儿什么的，一个想做事的人都是可以承受的。就是这种带有尴尬和为难的，其实就是做成了，心里也不是完全的坦然和快乐。"根据上下文语境，让他感觉尴尬和为难的事情指的是什么？

A. 和球队的教练解约　　　　　B. 缺少资金

C. 寻找合适的新教练　　　　　D. 带领球队

（5）片中郎平提到因为伤病不能上场，回忆说："一看人家特别不开心的那种脸，就觉得挺对不起人家。这也是特别典型的中国人的这种心态，怕对不起人家似的。"句中"典型的中国人的这种心态"指的是哪个方面？

A. 胆子小　　　　　　　　　　B. 脸皮薄

C. 重感情　　　　　　　　　　D. 爱面子

4. 学习分享

（1）讨论题

① 你喜欢哪项体育运动？试着简单介绍一下。

② 分别介绍一下你们国家的竞技体育和大众体育。

③ 你知道哪些有名的中国运动员？谈一谈你对中国体育的印象和看法。

（2）焦点小组

练习	根据时间安排，选择完成以下任务
说一说	① 退役后的运动员有哪些比较好的出路？说一说你的看法。 ② 介绍一下你们国家的一位知名运动员的故事。 ③ 你怎么理解姚明辞退球队教练时的负罪感？
查一查	① 在竞技体育中，中国和你的国家分别有什么"传统优势项目"？挑出一两项，向全班介绍一下。 ② 在你常用的购物网站上查一查，销量最好的李宁服装是哪件，客户评价怎么样。如果你为自己选一件，你选哪件？为什么选这件？ ③ 最近的一次奥运会是第几届？是在哪个城市举办的？口号是什么？
演一演	① 小组一起准备一个演讲，题目是"体育比赛的过程更重要还是结果更重要"。 ② 辩论：举办奥运会的利与弊（可以从费用、场地使用、对民众的作用、对当地居民的影响等方面展开）。

🔍 **文化链接** | 体育产业化、市场化、职业化，举国体制 ▼

体育产业化、市场化、职业化

多年来，中国体育实行的是以竞技体育为核心、"金牌至上"为导向的举国体制。随着体育产业化的发展，足球、篮球、网球、赛车等项目走市场化和职业化道路已经是必然趋势。

举国体制

举国体制是指以国家利益作为最高目标，国家体育管理机构在全国范围内调动相关资源和力量，国家负担经费来配置优秀的教练员和软硬件设施，集中选拔、培养、训练有天赋的优秀体育运动员参加奥运会等国际体育赛事，在比赛中争取优异成绩、打破纪录、夺取金牌的体育体制。

扩展视听　Extensive Watching and Listening

中国金花 网坛黑马
Zhōngguó Jīnhuā　Wǎngtán Hēimǎ

扫一扫看视频

视频分类：新闻

语言形式：新闻播报

时长：1分42秒

关键词提示

网坛 (wǎngtán)　　黑马 (hēimǎ)　　种子选手 (zhǒngzi xuǎnshǒu)

进军 (jìnjūn)　　女单 (nǚ-dān)　　女双 (nǚ-shuāng)　混双 (hùn-shuāng)

一举 (yìjǔ)　　飙升 (biāoshēng)　　生涯 (shēngyá)

国际网联 (Guójì Wǎng-Lián)　　挑战赛 (tiǎozhànsài)

巡回赛 (xúnhuísài)　釜山 (Fǔshān)　　亚运会 (Yàyùnhuì) 辉煌 (huīhuáng)

澳网 (Ào-Wǎng)　半决赛 (bànjuésài)　凭借 (píngjiè)　　出众 (chūzhòng)

积分 (jīfēn)　　　　　　　[课前预习，可参考附录中的词语表]

综合练习

1. 根据视频内容填写下面的表格

姓名		出生时间	
比赛经历	1999年		
	2000年		
	2001年		
	2002年		
	2004年		
	2010年		

2. 根据视频内容选择正确答案

（1）片中提到"李娜被人们称为中国女子网坛第一人"，这句话的意思是：

A. 她是第一个女子网球运动员　　　B. 她是第一个获得冠军的运动员

C. 她是第一个打网球的女人　　　　D. 她是最有名的女子网球运动员

（2）下面的比赛中，哪项是李娜没有参加的？

A. 国际网联挑战赛　　　　　　　　B. 釜山亚运会

C. 网球职业巡回赛　　　　　　　　D. 世界大学生运动会

（3）语素"坛"可以表示范围、场所，通常和职业有关。下面哪项构词是错误的？

A. 体坛　　　　　　　　　　　　　B. 影坛

C. 乐坛　　　　　　　　　　　　　D. 球坛

（4）片中提到的"澳网"一词是"澳大利亚网球公开赛"的简称，下面哪项不是网球赛事的简称？

A. 美网　　　　　　　　　　　　　B. 法网

C. 温网　　　　　　　　　　　　　D. 英网

（5）对片中提到的"黑马"一词，正确的理解是：

A. 黑色的马　　　　　　　　　　　B. 跑得快的马

C. 比喻没想到的获胜者　　　　　　D. 不好看的马

3. 说一说

（1）哪些比赛项目设有男/女单、男/女双、混双？你听说过哪些有名的运动员？

（2）语素"界"也可以构成很多表示职业、范围的词语，能不能举几个例子？"界"和"坛"的构词特点有什么不同？

▶ **内容提示**

　　在中国呢，李娜被人们称为女子网坛第一人。这不光光是因为她是世界排名最高的中国选手，还因为她创造了中国选手在世界网坛的多个第一。我们来了解一下：

　　出生于1982年的李娜，在17岁时，就出现在了国际网联挑战赛的赛场上。她以非种子选手的身份接连拿到冠军，引起了网球界的关注。1999年，李娜进军职业女子网坛。第二年，她首次参加女子网球职业巡回赛，与李婷搭档参加女双比赛，成就了中国选手在国际女子网坛职业巡回赛中的首个冠军。2001年，李娜在北京举行的世界大学生运动会上，一举拿下了女单、女双及混双三个冠军，成为当届赛事最闪亮的新星之一。2002年釜山亚运会之前，李娜突然选择退役，进入了华中科技大学就读。2004年，李娜回归网坛。当年就在广州国际女子公开赛上取得了单打冠军，成为第一个在国际女子网球职业巡回赛中夺得单打冠军的中国选手。不到两年，李娜的排名便一路飙升至世界第35位，创造了中国选手在女子职业网坛最高的排名。2010年是李娜职业生涯最辉煌的一年，在澳网女单半决赛中，李娜凭借出众的表现，把自己的积分提高到了3500分，打破了中国选手的积分纪录，并成为中国历史上第一位国际女子网球职业巡回赛中排名世界前十的球员。

歌曲欣赏　Enjoying the Song

我和我的祖国
Wǒ Hé Wǒ De Zǔguó

扫一扫看视频
演唱：廖昌永　徐子琪
填词：张　藜
作曲：秦咏诚

我和我的祖国　　　　　我最亲爱的祖国

一刻也不能分割　　　　你是大海永不干涸

无论我走到哪里　　　　永远给我 碧浪清波 心中的歌

都流出一首赞歌　　　　我和我的祖国

我歌唱每一座高山　　　一刻也不能分割

我歌唱每一条河　　　　无论我走到哪里

袅袅炊烟 小小村落 路上一道辙　　都流出一首赞歌

我最亲爱的祖国　　　　我歌唱每一座高山

我永远紧贴着你的心窝　　我歌唱每一条河

你用你那母亲的脉搏和我诉说　　袅袅炊烟 小小村落 路上一道辙

我的祖国和我　　　　　我最亲爱的祖国

像海和浪花一朵　　　　我永远紧贴着你的心窝

浪是那海的赤子　　　　永远给我 碧浪清波 心中的歌

海是那浪的依托

每当大海在微笑

我就是笑的旋涡

我分担着海的忧愁

分享海的欢乐

廖昌永，1968 年 10 月 25 日出生于四川省成都市，男中音歌唱家。现任上海音乐学院院长、教授，中国音乐家协会副主席，上海音乐家协会主席。

语言实践　Language Practice

调查报告

问一问同学或其他中国朋友，他们喜欢什么体育项目，有没有喜欢的体育明星，对中国体育改革有什么看法。

姓名	
年龄	
性别	
喜欢的体育项目	
喜欢的体育明星	
中国优势体育项目	
对中国体育改革的看法	

评分项	综合表现	陈述内容	语言表达
单项分值	20	40	40
单项得分			
总分			
建议			

调查报告参考：

　　____年___月___日，我进行了有关体育运动的调查。我采访的同学是……，他/她谈了自己最喜欢的体育项目……

　　然后，他/她向我介绍了自己最喜欢的体育明星……

学习笔记　Learning Notes

主题词汇云图：

记住了哪些词语	
学会了哪些句子	
学会了哪几种表达	
自我评价	① 现在是否能和别人谈论一下对体育的看法？ ② 你最喜欢课文和练习中的哪几句话？ ③ 是否同意课文所表达的观点？

4 商贸篇 Commerce

热身　Warm-up

　　自改革开放以来，中国与世界各国的贸易日趋频繁，对外贸易已经成为中国经济发展的一个重要动力。不过，随着贸易自由度的进一步扩大，各种机遇、困难与挑战也随之而来。英国经济学家亚当·斯密（Adam Smith）首先提出了自由贸易理论（Free Trade Theory），指出自由贸易可以使参与贸易的双方均获得贸易利益。作为自由贸易的坚定维护者，中国始终希望各国的优势得到充分发挥，共同分享全球化带来的利益，让人们的生活更加美好。

- 说一说：国际贸易有哪些运输方式？各自有什么优势和不足？

- 你能说出一些国际贸易中常见的商品类别吗？你的国家有哪些中国出口产品？

精视精听 Intensive Watching and Listening

与全世界做生意
Yǔ Quán Shìjiè Zuò Shēngyi

扫一扫看视频
视频类型：专题片
语言形式：访谈；旁白
时长：26分15秒

Part 1　00:01–07:00

1 **词语学习** [课前预习，可参考附录中的词语表]

动词及动词短语 （v. & vp.）	辐射 (fúshè)　　　拍卖 (pāimài)　　略显 (lüè xiǎn) 竞价 (jìngjià)　　　落槌 (luò//chuí)　　迷失 (míshī) 报价 (bàojià)
名词及名词短语 （n. & np.）	假象 (jiǎxiàng)　　　席位 (xíwèi)　　　采购商 (cǎigòushāng) 拍卖师 (pāimàishī)　局外人 (júwàirén)　光标 (guāngbiāo) 批次 (pīcì)　　　　竞拍者 (jìngpāizhě)　起拍价 (qǐpāijià) 成交价 (chéngjiāojià)　行情 (hángqíng)　季风 (jìfēng) 代理商 (dàilǐshāng)
形容词（adj.）	大宗 (dàzōng)
副词（adv.）	即刻 (jíkè)
量词（m.）	单 (dān)
固定结构（IE）	立见分晓 (lìjiàn-fēnxiǎo)　　　水到渠成 (shuǐdào-qúchéng) 分毫之间 (fēnháo-zhījiān)
专有名词（PN）	昆明 (Kūnmíng)　　斗南 (Dǒunán)　　荷兰 (Hélán) 印度洋 (Yìndù Yáng)　俄罗斯 (Éluósī)

（1）"拍卖"是指通过公开竞价，最终由出价最高者获得物品的交易方式。试着用汉语解释一下"拍卖师""竞拍者"和"起拍价"的含义。

（2）试着比较一下"迷失"和"丢失"的词义和用法有什么不同。

（3）在贸易术语当中，有很多由语素"价"组成的词语，比如"工厂交货价""到岸价""离岸价"等。查一查它们对应的英文全称及缩写是什么。

（4）"行情"是指市场价格的变化。试着解释什么是"黄金行情""股票行情""就业行情""行情分析"和"行情看涨"。

（5）"批、笔、单"都是贸易过程中常用的名量词，分别用于"货物、款项、合同"等，有时候也可以通用。试着根据它们的用法完成以下填空：

　　①组装这＿＿＿＿＿汽车的零件来自欧洲。

　　②这是今年最大的一＿＿＿＿＿生意。

　　③对方公司已经支付了第一＿＿＿＿＿货款。

2 内容提示

　　　　从昆明向外辐射，鲜花种植形成了规模。一旦离开土壤，时间就成为它们最大的敌人。花农们要确保……

带着下面的问题看视频：

· 昆明有哪些和鲜花有关的生意？

· 做鲜花生意最重要的是什么？

3 观看第一遍视频，完成练习

（1）根据视频内容判断对错

　　①拍卖市场从早到晚都很热闹。　　　　　　　　　　（　　　）

　　②云南很适合鲜花生长。　　　　　　　　　　　　　（　　　）

　　③鲜花拍卖过程从低价向高价进行。　　　　　　　　（　　　）

　　④拍得者与落拍者的出价可能相差不大。　　　　　　（　　　）

　　⑤代理商谢耀荣为客户提供了距离更短的运输方案。　（　　　）

（2）分组讨论：根据视频内容填写表格

场景一	鲜花拍卖市场	谈话人	画外音
	① 语言形式： ② 主要内容：		
场景二	人物采访	谈话人	端惠丽
	① 语言形式：_____ 身份：_____ ② 主要内容：		
场景三	人物采访	谈话人	谢耀荣
	① 语言形式：_____ 身份：_____ ② 主要内容：		
关键词提示	旁白、口述、说明、介绍、拍卖规则、花商、花农、日常工作、订单		

4 综合注释

- 拍卖大厅里，来斗南将近 20 年的花商谢耀荣有自己固定的席位。座席上，几乎全都是像他这样的二级采购商①和鲜花代理人。在这里，他们掌握着大宗的国际订单。

① 二级采购商

指提供某些专门类别商品的采购、进出口服务的代理商。他们通常对市场价格、产品质量、诚信度比较熟悉，可以为客户所需商品提供可靠的供应商来源。

- 受印度洋季风^②影响的云南，只有干湿两季，成为鲜花种植的理想之地。

- 因为种花，这个中国的西南小镇，水到渠成^③地孕育出一个世界级的市场。这里的人们相信，外面的世界越大，机会也就越多。

② 季风

随季节而改变风向的风，主要是海洋和陆地间温度差异造成的。云南属于季风气候，降水与北印度洋的季风环流有很大关系。通常每年的十一月份至第二年的四月份是干季，从五月份到十月份是湿季。

③ 水到渠成

【成】比喻具备合适的时机和条件以后，事情自然就会成功。

例：把你能完成的事情做到最好，剩下的事情自然就会水到渠成。

5 再看一遍，边看边做

（1）根据视频内容填空

> 笔　起拍价　成交价　期待价位　一旦　即刻　交易

① _____离开土壤，时间就成为它们最大的敌人。花农们要确保清晨采收的鲜花，能_____启程。

② 一旦拍卖师给出起拍报价，大钟光标立刻启动，数字从_____急速下落。竞拍者要在瞬间做出决定，在自己的_____上按下抢拍键。光标停止在第一个出手者那里，停下的数字就是最终的_____。

③ 三个拍卖席同时启动，五秒钟完成一次_____，五小时交易一万_____。

（2）分组讨论：分析片中的话语内容并完成练习

① 试着解释一下，下面两个句子表达的是什么意思，使用了哪种修辞方法。

    A. 一旦离开土壤，时间就成为它们最大的敌人。

    B. 败下阵来的鲜花，将丧失掉作为商品的价值。

② 片中提到了"降价式拍卖法"，对大多数人来说，这是一个全新的概念。为了进一步解释这种拍卖法的特点，片中使用了一些常见的说明方法，试着按照以下内容进行说明。

    A. 做比较：和传统拍卖法相比，现场的声音、价格变化方式。

    B. 列数字：竞拍者人数、拍卖席数量、交易情况。

    C. 打比方：被拍下的鲜花马上转往下一站。

Part 2　　07:01–14:29

1 词语学习 [课前预习，可参考附录中的词语表]

动词（v.）	横贯 (héngguàn)	常态化 (chángtàihuà)	
	运营 (yùnyíng)	优化 (yōuhuà)	整合 (zhěnghé)
	饱受 (bǎoshòu)	困扰 (kùnrǎo)	监管 (jiānguǎn)
	通关 (tōngguān)	辗转 (zhǎnzhuǎn)	贯通 (guàntōng)
	海运 (hǎiyùn)	组装 (zǔzhuāng)	
名词（n.）	重镇 (zhòngzhèn)	内陆 (nèilù)	
	集装箱 (jízhuāngxiāng)	龙门吊 (lóngméndiào)	
	戳 (chuō)	公章 (gōngzhāng)	
	山城 (shānchéng)	开阔地 (kāikuòdì)	
	零配件 (língpèijiàn)		

形容词（adj.）	诸多 (zhūduō)	
固定结构（IE）	一时半会儿 (yìshí-bànhuìr)	打招呼 (dǎ zhāohu)
	各持己见 (gèchí-jǐjiàn)	周游列国 (zhōuyóu lièguó)
专有名词（PN）	杜伊斯堡 (Dùyīsībǎo)	吉尔吉斯斯坦 (Jí'ěrjísīsītǎn)
	塔吉克斯坦 (Tǎjíkèsītǎn)	白俄罗斯 (Bái'éluósī)
	阿拉山口 (Ālāshānkǒu)	马六甲海峡 (Mǎliùjiǎ Hǎixiá)
	苏伊士运河 (Sūyīshì Yùnhé)	渝新欧 (Yú-Xīn-Ōu)
	出入境检验检疫局 (Chū-rùjìng Jiǎnyàn Jiǎnyì Jú)	

（1）"运营"主要是指公司对市场的日常运行和管理工作。说一说什么是"首席运营官""网站运营"。

（2）"优化"是指通过一些方法得到更优良的结果。"常态化"则指由不经常到经常状态的变化过程。试着解释什么是"产品优化""图像优化"。说一说语素"化"还可以组成哪些常见的词语。

（3）"整合"是指把不同的内容组织在一起，发挥更大的价值。试着解释一下公司"合并"与"资源整合""业务整合"的关系。

（4）重庆市简称"渝"，新疆维吾尔自治区简称"新"。试着说出下面省份的简称：黑龙江、吉林、河北、山西、山东、湖南、浙江、江苏、广东。

（5）"司""局"是中国行政机构的设置，级别相同。"国家出入境检验检疫局"是负责对出入境货物进行卫生安全检查的机构，现已与"国家质量技术监督局"合并，组建为"国家质量监督检验检疫总局"（简称"质检总局"）。下面是中国商务部的一些机构设置，试着根据名称解释一下它们的职能：人事司、外事司、财务司、电子商务司、机关服务局、国际经济事务合作局。

2 内容提示

这是拥有 3200 万人口的超大城市，仿佛中国经济的巨大试验区。重庆西站始终运行着自己的节奏……

带着下面的问题看视频：
- 重庆这座城市有什么特点？
- 视频中是如何介绍"渝新欧"这条铁路的？

3 观看第一遍视频，完成练习

（1）根据视频内容判断对错

① 重庆是位于中国东南部的一座大型城市。　　　　　　（　　）

② 重庆具有先天的地理位置优势，适合进行国际贸易业务。（　　）

③ "渝新欧"是一条新修建的铁路，从重庆到欧洲。　　　（　　）

④ "渝新欧"铁路刚开通的时候，每天要进行很多协调工作。（　　）

⑤ "渝新欧"与海运相比，最大的优势是价格。　　　　　（　　）

（2）分组讨论：根据视频内容填写表格

话题	重庆	渝新欧
内容	人口规模：□ 2300万　□ 3200万 地理位置：□ 西南内陆　□ 东部沿海 区域特点：□ 封闭　□ 开阔 发展目标：□ 水运　□ 铁路 当前困难：□ 经济落后　□ 地理封闭	起止：中国 ＿＿＿＿＿＿ 至 ＿＿＿＿＿＿ 杜伊斯堡 时间：□ 24天　□ 13天 距离：□ 1万多公里　□ 2万多公里 途经：□ 5个国家　□ 6个国家 优势：比海运＿＿＿＿＿＿，比航运＿＿＿＿＿＿

4 综合注释

- 铁路跟社会上有些东西还是有一定反差的，因为它有很多东西都已经形成固定的模式了，要一时半会儿④去改变它也是不可能的。

- 遇到一个问题要解决，它就必须沿线要打招呼⑤，沿线协调。

- 实现多国联运，具体问题太过复杂。在这条通道上，每个国家都站在各自利益的角度，各持己见⑥。

- 重庆铁路联合集装箱中心站的龙门吊⑦下，发往欧洲的集装箱都要在这里完成吊装。"渝新欧"班列的开通，使这里的装箱量突增。

- 团结村、铁路集装中心站就是这个起点站，中转站阿拉山口⑧，以及我们最终的目的地——德国的杜伊斯堡。

- 作为著名的山城⑨，这片开阔地极为难得。

④ 一时半会儿

口语惯用语，表示较短时间，多用于否定。

例：你们别等我了，我这儿堵车，一时半会儿也到不了。

⑤ 打招呼

指在某件事情开始之前，与相关人员进行沟通联系，希望得到关照。

例：杨市长已经跟县里打过招呼了，他们会积极协助你们的调查活动。

⑥ 各持己见

【成】各自坚持自己的意见。

例：在这个问题上，大家各持己见，最后也没有达成一致的意见。

⑦ 龙门吊

指货物装卸的巨型起重机，多用于大型港口码头和货场。

⑧ 阿拉山口

县级市，隶属于新疆维吾尔自治区，北邻哈萨克斯坦，是中国西部地区重要的贸易口岸。

⑨ 山城

重庆是一座依山而建的城市，因此又被称为山城。

5 再看一遍，边看边做

（1）根据视频内容填空

> 一直以来　得益于　辗转　诸多　沿途　优化整合　意味着

① 事实上，"渝新欧"并不是一条新修建的铁路，它是把_____

六个国家现有的线路进行_____的产物。而周边的_____

国家，都将_____这条通道。

② _____，中国西南地区出口欧洲的贸易，要_____经过

马六甲海峡和苏伊士运河，这_____多出上万公里的行程。

（2）分组讨论：分析片中的话语内容并完成练习

① 片中提到："仅仅从时间上看，铁路就比海运节省了24天。"

这句话的意思是铁路运输与海运相比，不止具有一个优势，这里仅

是从时间方面进行说明。根据片中提到的运输方式，讨论一下从中

国西南部运往欧洲的货物可以走哪些路线，并结合路线所需的时间

进行对比说明。

② 试一试，用"仅仅从……上看，A就比B……"这个表达方式，对两

个事物的外在属性进行对比说明。

参考话题：两个学校的规模、两款手机、两款汽车、两家餐厅

等等。

Part 3   14:30−20:10

1 词语学习[课前预习，可参考附录中的词语表]

动词（v.）	富有 (fùyǒu)　　评审 (píngshěn)　　诠释 (quánshì) 冲刺 (chōngcì)　　构建 (gòujiàn)
名词（n.）	才华 (cáihuá)　　模型师 (móxíngshī)　节点 (jiédiǎn) 大师 (dàshī)　　铠甲 (kǎijiǎ)
形容词（adj.）	焦虑 (jiāolù)
固定结构（IE）	只是……而已 (zhǐshì…éryǐ)　　按部就班 (ànbù-jiùbān) 津津乐道 (jīnjīn-lèdào)
专有名词（PN）	都灵 (Dūlíng)　　　　　　意大利 (Yìdàlì)

（1）比较一下"富有"和"具有"在词性、语义和用法上有什么不同，试着完成以下填空：

　　①＿＿＿＿想象力和创造性；②＿＿＿＿远大理想；③＿＿＿＿批判精神；④＿＿＿＿不同特点；⑤＿＿＿＿可变性；⑥＿＿＿＿多种功能。

（2）"诠释"和"解释"在用法上略有不同，"解释"一般通过语言文字描述，"诠释"多通过文学作品或其他艺术形式进行。试着完成以下填空：

　　① 这是对成功最好的＿＿＿＿。

　　② 教育部给出了明确的＿＿＿＿。

　　③ 这部小说＿＿＿＿了人与自然的和谐关系。

（3）"冲刺"是指跑步、游泳等体育竞赛中快到终点时全力向前冲。试着解释什么是"考试冲刺""冲刺阶段"。以下是跟"跑步"有关的比喻，试着解释一下：不能输在起跑线上，人生是一场马拉松，爱情长跑，跑工作，跑关系。

（4）说一说"老师"和"大师"的词义有什么不同，哪些人可以被称为"大师"。

（5）说一说人在什么时候容易感到"焦虑"。

2 内容提示

汽车之城都灵，富有激情和才华的意大利设计师与追求效率的中国管理者之间，相互适应着各自的节奏……

带着下面的问题看视频：
- 中国公司的管理者有什么要求？
- 意大利的设计师们是什么态度？

3 观看第一遍视频，完成练习

（1）根据视频内容判断对错

① 长安汽车在意大利设立公司是为了把这里生产的汽车销往中国。

（   ）

② 他们马上要迎接中国总部对设计方案的检验和审查。 （   ）

③ 总经理陈政说，他的目标就是追求速度。 （   ）

④ 意大利设计师们已经习惯了慢节奏。 （   ）

⑤ 长安汽车从模型设计到做出工程样车只需要半年的时间。（   ）

（2）分组讨论：根据视频内容填写表格

场景一	设计车间	身份	
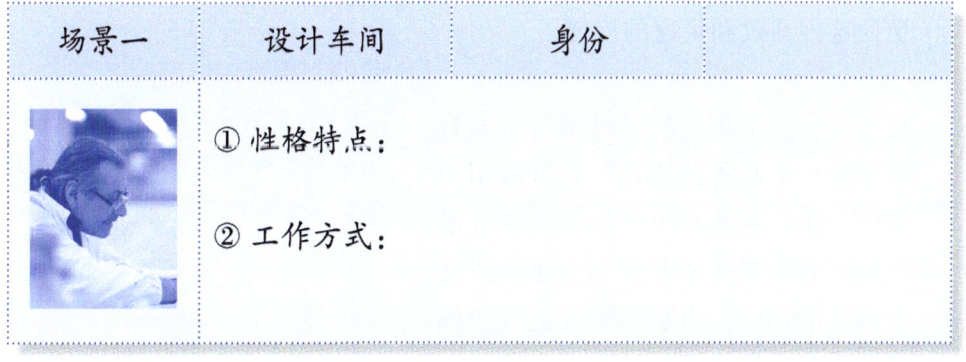	① 性格特点： ② 工作方式：		

场景二	办公室	谈话人	
	① 身份： ② 心理状态： ③ 管理方式：		
关键词提示	设计师、总经理、慢、快、节奏、效率、才华、激情、急切、焦虑、高效、发脾气、策略、压力		

4 综合注释

- 在这里，人们在用意大利方式诠释着"慢工出细活儿"⑩这句中国老话。尽管已经到了冲刺的节点，可手工大师们依然保持着自己的节奏。

- 到了这个场合，当我穿上这身铠甲⑪的时候，我认为这是一个铠甲。有的时候我在想，我需要传递的这种东西应不应该给别人。我希望他们能够感受到这种高效和快速的应答。

- 在长安，一个年轻的设计师可以亲自参与到一个品牌的构建，这种吸引力难以抗拒。但是对于十分不擅长标准化和按部就班⑫的意大利人来说，接受挑战的同时，也意味着要适应中国管理者的急迫心情，并且要承受时间成本的压力。

⑩ **慢工出细活儿**

指不追求速度，靠仔细、认真的态度生产出完美的产品。

例：这件手工艺品他足足用了三个月才完成，真是慢工出细活儿啊。

⑪ **铠甲**

指古代武士们身上穿的金属盔甲，常用来代指勇士和战士。这里把每天的职场比喻为战场。

⑫ **按部就班**

【成】指按照原有的顺序和规则办事，常用来形容做事情总是按照老的办法，缺乏创新精神。

5 再看一遍，边看边做

（1）根据视频内容填空

> 成本　时间　平衡　节奏　才华　津津乐道　不可思议

① 汽车之城都灵，富有激情和＿＿＿＿＿＿的意大利设计师与追求效率的中国管理者之间，相互适应着各自的＿＿＿＿＿＿。

② 再过几天，这里将迎来一年中的重要时刻。在10个月的紧张工作之后，他们必须要接受来自中国总部的最后评审。想要最好的，＿＿＿＿＿＿还必须低，＿＿＿＿＿＿还必须少，还必须满足那么多人的口味。实际上它本来就是一个在各种矛盾中间的＿＿＿＿＿＿。

③ 这是＿＿＿＿＿＿的事情，正常理论上一般是16个月。他们每次去了中国，回来都＿＿＿＿＿＿很多事情。不可思议，就是发展速度太快了。半年前这个地方还没有楼的，结果半年之后一来，怎么一栋楼就在这儿啊。这种事情在意大利是不可想象的事。

（2）分组讨论：分析片中的话语内容并完成练习

① 片中提到："在这里，人们在用意大利方式诠释着'慢工出细活儿'这句中国老话。"

引言是一种常用的说明方法，通过引用古诗句、名人名言、俗语等方式进一步说明事物的特点。试着讨论，下面这些成语和俗语中，哪些跟"慢工出细活儿"表达的意思差不多，哪些相反：兵贵神速，分秒必争，欲速则不达，磨刀不误砍柴工，不怕慢就怕站，心急吃不了热豆腐，时间就是金钱。

② 片中陈政说："我喜欢慢的东西。我并不是说我喜欢快的东西，但是我说这句话的时候，所有的员工可能是不同意我的。你什么都要快，快快快快快。而且什么东西都要时间至少减半地去做。"

在语段表达中，重复使用同一个词或语义相近的词可以起到突出话题、衔接句子的作用。想一想，陈政到底喜欢快还是慢。如果喜欢慢，为什么他的员工不同意他的说法？试着用这种表达方式完成下面的练习。

参考话题：购买商品的时候你更看重哪个方面（价格、款式、品牌）？请详细解释一下。

Part 4   20:11-26:15

1 词语学习[课前预习，可参考附录中的词语表]

动词（v.）	蜕变 (tuìbiàn)	绽放 (zhànfàng)	
名词（n.）	帝国 (dìguó) 层面 (céngmiàn)	鼎盛期 (dǐngshèngqī)	底蕴 (dǐyùn)
形容词（adj.）	硬朗 (yìnglang)	老牌 (lǎopái)	
固定结构（IE）	不知不觉 (bùzhī-bùjué)		
专有名词（PN）	菲亚特 (Fēiyàtè)	波河 (Bō Hé)	

（1）从汉字本义来说，"蜕"指蝉蜕，也就是蝉的壳。"蜕变"的意思是蝉脱离蝉蜕以后，发生了巨大的改变。试着用"蜕变"或"变化"填空：

① 社会_____时期，人们必须随时调整自己的步伐。

② 几年不见，北京的_____太大了。

③ 这家食品加工厂实现了从街头小店到上市公司的_____。

（2）查一查"绽放"和"开放"在语义表达与用法上有什么不同，试着用这两个词填空：

① 鲜花_____；② 改革_____；③ 五颜六色的礼花在夜空中_____；

④ 博物馆每周一不_____。

（3）说一说与"鼎盛期"相反的是什么时期：

① 初创期　② 成长期　③ 成熟期　④ 衰败期

（4）"底蕴"是指人或事物内部包含的抽象特征，例如内心、精神、知识等方面。试着解释什么是"文化底蕴""历史底蕴""知识底蕴""个人底蕴"。

（5）举例说一说，什么是"老牌"，什么是"新兴"品牌。

2 内容提示

　　都灵，一座汽车之城，这里一半以上的人口与汽车业有关。曾经的菲亚特帝国已经度过了鼎盛期，而现实让人们必须做出调整……

带着下面的问题看视频：

• 中国与意大利合作的基础是什么？

• 中国管理者和意大利设计师们发生了哪些改变？

3 观看第一遍视频，完成练习

（1）根据视频内容判断对错

① 都灵的汽车很多，因此被称为"汽车之城"。　　　　　　　（　　）

② 菲亚特汽车的市场销售情况不如以前了。　　　　　　　（　　）

③ 他们的设计模型最终通过了总部评审。　　　　　　　（　　）

④ 意大利人和中国人都喜欢美食。　　　　　　　（　　）

⑤ "尊重、认真、团结、奉献"这几个词可能是长安汽车的企业文化口号。　　　　　　　（　　）

（2）分组讨论：根据视频内容填写表格

话题	社会发展和个人观念的改变	
	过去	现在
都灵		
陈政		
泰丰、丹妮		
关键词提示	工业城市、市场、技术、速度、快、慢、老牌、新兴	

4 综合注释

- 都灵，一座汽车之城，这里一半以上的人口与汽车业有关。曾经的菲亚特帝国⑬已经度过了鼎盛期，而现实让人们必须做出调整。

- 对于泰丰和丹妮来说，影响和改变已经不知不觉⑭地发生了。

⑬ **菲亚特帝国**

菲亚特（FIAT）是世界十大汽车公司之一，这里用"帝国"比喻菲亚特在世界汽车行业中的重要地位和巨大的影响力。

⑭ **不知不觉**

【成】觉，发觉、察觉。指在不知道的情况下，已经发生了改变。

例：时间过得真快，不知不觉，我们已经大三了。

5 再看一遍，边看边做

（1）根据视频内容填空

> 精彩　团结　底蕴　市场　层面　检验　奉献

① 所有在意大利的长安人终于迎来了这个接受_____的日子。意大利人有着深厚的技术_____，中国人有高速成长的_____。资本在合适的时候将他们连在一起。

② 每一天都过得很快，只希望每天过得_____吧。大家其实都在不同的_____上在跑，在追求自己的那个目的，在跟自己的那个时间斗争、竞赛。

③ 尊重、认真、_____、_____。在美国，在意大利，在欧洲，在各个地方，如果有这些字，我觉得你的工作会更好。

（2）分组讨论：分析片中的话语内容并完成练习

① 片中提到："跟时间有关的事情，有时要急，有时要有耐心。"
试着举例说明，你认为在生活中什么事情需要急，什么事情则需要有耐心。

② 陈政说："就在三年前，我还对别人说，速度快一点儿，可以把所有的问题、所有的危险都甩在后面。……现在我不这么认为了，形势发生了变化，解决不了了。也许慢下来是一种解决办法。"
请试着用蓝色词语的表达形式说明你对某件事情看法的改变。

语言注释

1. **越（是）A……越 B**（身处中国西南内陆，重庆面临着与外界交流的天然障碍。但越是如此，对"快"的渴望就越迫切。）

常用于说明性或叙述性的复句或句群，表示 B 的程度随 A 的变化而变化。例如：

① 现代社会科技越发达，人类越懒惰。

② 路上的积水越多，开车时越要注意安全，特别是开在不熟悉的道路上时。

③ 很多人总是能为失败找到各种理由，但越是成功的人，越不会为自己找借口。

2. **一直以来**（一直以来，中国西南地区出口欧洲的贸易要辗转经过马六甲海峡和苏伊士运河。这意味着多出上万公里的行程。）

表示很长时间以来的状态，常用于句首。例如：

① 成为歌手是我一直以来的梦想。

② 一直以来，奥运会也是运动科技产品最佳的舞台。

③ 手机与人们的生活越来越密切。一直以来，各大手机厂商都非常重视手机功能的开发。

3. **实际上**（实际上，我们彼此的了解已经有很长时间了。）

常用作插入语，表示对前面提到内容的转折、补充或更正。例如：

① 很多人认为不生病就是健康。实际上，健康还包括身体和心理的良好状态。

② 人们希望气象卫星可以确定这次台风登陆的准确时间和地点。实际上，这几乎是不可能的。

③ 过去 30 年，经济高速发展的一个重要原因就是廉价的土地和劳动力成本。实际上，这种日子已经过去了。

4. 只是……而已（但那个东西只是我急切地想看到答案而已。）

常用于解释性、说明性语句，强调事情的严重程度没有那么高。例如：

① 不是我眼光高，只是还没遇到合适的而已。

② 谢谢你的提醒。其实我早就知道，只是不想说而已。

③ 这个情况只是快递员不小心而已，并不能说明我们公司的产品有质量问题。

5. 尽管……可……（尽管已经到了冲刺的节点，可手工大师们依然保持着自己的节奏。）

常用于让步、转折关系的复句或句群，后面的分句也可以使用"但、然而、也"等关联词。例如：

① 尽管雨停了，可路面上的积水仍然很深。

② 受到整体经济环境的影响，尽管公司做出了很多努力，但销售状况还是没有好转。

③ 尽管政府陆续公布了一些调控政策，希望抑制房价的增长速度，然而这些措施并没有起到预想的作用。

6. 难以（在长安，一个年轻的设计师可以亲自参与到一个品牌的构建，这种吸引力难以抗拒。）

后面可以加动词或动词短语，常用于表达否定或表示某事不能完成。例如：

① 这件事情比较复杂，现在还难以下结论。

② 微信销售很方便，但产品质量实在难以保证。

③ 对实体商业来说，购物体验、面对面的沟通服务都是电商难以提供的。

综合练习

1. 选词填空

代理商　成交价　行情　海运　陆运　优化

（1）太平洋汽车网提供最新全国汽车市场（　　　　）。

（2）8 月份，北京商品房的平均（　　　　）达 526 万元。

（3）这次我们去奥地利，是希望能够拿到这家公司在中国市场的（　　　　）授权。

（4）考虑到成本原因，淘宝上很多卖家都是选择（　　　　）方式，空运需要另外负担运费。

（5）"渝新欧"铁路最大的竞争优势在于时间。它比（　　　　）的时间要快，比航空的价格要便宜。

（6）这套 ERP 系统可以实现企业资源（　　　　），为企业创造更大的价值。

2. 按正确顺序排列下面的句子，组成句群

（1）表达：_____

　　a. 时间就成为它们最大的敌人

　　b. 鲜花种植形成了规模

　　c. 一旦离开土壤

　　d. 从昆明向外辐射

（2）表达：_____

　　a. 列车的终点远在德国的工业重镇杜伊斯堡

　　b. 事实上，这里已经成为一条横贯亚欧的新通道的起点

　　c. 它被命名为"渝新欧"铁路大通道

　　d. 因为起止点在欧洲和中国的重庆

（3）表达：_____

  a. 半年前这个地方还没有楼的

  b. 怎么一栋楼就在这儿啊

  c. 这种事情在意大利是不可想象的

  d. 结果半年之后一来

（4）表达：_____

  a. 铁路就比海运节省了 24 天

  b. 仅仅从时间上看

  c. "渝新欧"的开通

  d. 使中国西南与欧洲市场直接贯通

（5）表达：_____

  a. 意大利人有着深厚的技术底蕴

  b. 中国人有高速成长的市场

  c. 将他们连在一起

  d. 资本在合适的时候

3. 根据视频内容选择合适的答案

（1）片中提到荷兰人发明的降价式拍卖法"五秒钟完成一次交易，五小时交易一万笔，这在常规拍卖里无法想象"。根据描述，下面哪项是这种拍卖法的优势？

  A. 成本低   B. 效率高

  C. 金额大   D. 方法新

（2）下面哪项与"渝新欧"铁路的命名无关？

  A. 成都   B. 新疆

  C. 重庆   D. 欧洲

（3）片中提到："铁路跟社会上有些东西还是有一定反差的，因为它有很多东西都已经形成固定的模式了，要一时半会儿去改变它也是不可能的。不过，凡事没有绝对。"根据语境，"凡事没有绝对"的意思是：

A. 没有平凡的事情   B. 事情是可以变化的

C. 没有完全正确的事情   D. 事情是不能改变的

（4）片中提到："到了这个场合，当我穿上这身铠甲的时候。"根据语境，这句话所比喻的是什么意思？

A. 商场如战场   B. 给别人带来压力

C. 要保护自己   D. 自己工作压力大

（5）片中提到："大家其实都在不同的层面上在跑，在追求自己的那个目的。"对这句话正确的理解是：

A. 每个人都在跑   B. 每个人的任务和目标不同

C. 大家跑的方向不同   D. 每个人的水平和能力不同

4. 学习分享

（1）讨论题

① 中国企业从事国际贸易时有哪些优势和劣势？

② 介绍你们国家一家知名企业的国际贸易情况。

（2）焦点小组

练习	根据时间安排，选择完成以下任务
说一说	读下面的诗，说一说现在的情况是怎样的，并模仿这首诗写一首自己的诗。 **从前慢** 木心 记得早先少年时 大家诚诚恳恳 说一句　是一句 清早上　火车站 长街黑暗无行人 卖豆浆的小店冒着热气 从前的日色变得慢 车，马，邮件都慢 一生只够爱一个人 从前的锁也好看 钥匙精美有样子 你锁了　人家就懂了
查一查	① 拍卖有哪些种类？荷兰式拍卖跟普通拍卖最大的差别是什么？优势是什么？ ② 从中国的重庆到德国的杜伊斯堡有哪几种方式，分别需要多长时间、多少钱？如果你去旅行或者寄东西，你会选择哪种方式？理由是什么？
演一演	① 两人一组，分别扮演长安汽车的经理和意大利汽车设计师，前者要求后者尽快设计出新车型，后者认为必须有充足的时间。 ② 辩论：我们到底应该快一点儿还是慢一点儿？

🔍 **文化链接** 山城、快与慢的哲学 ▼

山 城

　　重庆位于中梁山和铜锣山之间，由于地理位置的原因，整座城市依山而建，故别名"山城"。这也充分体现了这座城市的建筑特色。除此以外，中国许多城市也有自己的别名，比如：昆明——春城，哈尔滨——冰城，西安——古城，济南——泉城，广州——花城／羊城。

快与慢的哲学

　　作为概念，"快"与"慢"是人们对时间和速度的认识，也是对客观体验的判断。作为生活态度和价值标准来说，中国社会在各个时期又对二者有着不同的理解，既有"慢工出细活儿"的说法，也有"时间就是金钱"的名言。"快"与"慢"，也常常与"浮躁""急功近利""稳定""耐心""从容"等反映个人心态的词语联系在一起。

扩展视听　Extensive Watching and Listening

大道之行
Dàdào Zhī Xíng

扫一扫看视频

视频分类：专题片

语言形式：独白

时长：6分11秒

关键词提示

大漠 (dàmò)	驼铃 (tuólíng)	寄予 (jìyǔ)	携手 (xiéshǒu)
打造 (dǎzào)	着力 (zhuólì)	着眼于 (zhuóyǎn yú)	
困惑 (kùnhuò)	共享 (gòngxiǎng)	多元 (duōyuán)	回荡 (huídàng)
袅袅 (niǎoniǎo)	秉持 (bǐngchí)	独奏 (dúzòu)	
哈萨克斯坦 (Hāsàkèsītǎn)		印度尼西亚 (Yìndùníxīyà)	
陕西 (Shǎnxī)		[课前预习，可参考附录中的词语表]	

综合练习

1. 根据视频内容填写下面的表格

演讲人		关键词	
提出时间		提出地点	
概念解释			
详细内容	① 背景		
	② 目标		
	③ 原则		
发展现状			

2. 根据视频内容选择正确答案

（1）关于陕西省的描述，下面哪项内容是不正确的？

A. 习近平的家乡　　　　　　　　B. 海上丝绸之路的起点

C. 有沙漠和驼铃　　　　　　　　D. 古代丝绸之路的起点

（2）片中提到："我仿佛听到了山间回荡的声声驼铃，看到了大漠飘飞的袅袅孤烟。"这句话使用了什么修辞手法？

A. 比喻　　　　　　　　　　　　B. 对比

C. 比拟　　　　　　　　　　　　D. 通感

（3）片中提出"一带一路""要以互联互通为着力点"，对"着力点"一词正确的解释是：

A. 起点　　　　　　　　　　　　B. 重点

C. 支点　　　　　　　　　　　　D. 难点

（4）片中提到"一带一路""不是中国的一家独奏，而是沿线国家的合唱"，指的是什么？

A. 演出活动　　　　　　　　　　B. 合作关系

C. 贸易活动　　　　　　　　　　D. 发展过程

（5）片中提到"一带一路"的"朋友圈"正在扩大，这句话使用了什么修辞手法？

A. 比喻　　　　　　　　　　　　B. 对比

C. 借代　　　　　　　　　　　　D. 排比

3. 说一说

（1）在演讲活动中采用一些景物描写和不同的修辞手法有什么作用？

（2）查找一下视频中"大道之行也，天下为公"的引文出处，并说一说你对这句话的理解。

▶ **内容提示**

　　2013 年，我访问哈萨克斯坦和印度尼西亚时，分别提出了建设丝绸之路经济带和 21 世纪海上丝绸之路的合作倡议。我的家乡中国陕西省就位于古丝绸之路的起点。站在这里，回顾历史，我仿佛听到了山间回荡的声声驼铃，看到了大漠飘飞的袅袅孤烟。这一切让我感到十分的亲切。

　　当今世界充满着不确定性，人们对未来既寄予期待，又感到困惑。世界怎么了？我们怎么办？这是整个世界都在思考的问题，也是我一直在思考的问题。我提出"一带一路"的倡议，就是要以互联互通为着力点，促进生产要素自由便利流通，打造多元合作平台，实现共赢和共享发展。"一带一路"倡议是中国根据古丝绸之路留下的宝贵启示，着眼于各国人民追求和平与发展的共同梦想，为世界提供一项充满东方智慧的共同繁荣发展的方案。"一带一路"秉持的是共商共建共享原则，不是封闭的，而是开放包容的；不是中国的一家独奏，而是沿线国家的合唱。三年多来，已经有 100 多个国家和国际组织积极响应支持，"一带一路"的"朋友圈"正在扩大。大道之行也，天下为公。让我们更加紧密地团结起来，携手构建合作共赢新伙伴，同心打造人类命运共同体。历史是勇敢者创造的，让我们拿出信心、采取行动，携手向着未来前进！

歌曲欣赏　Enjoying the Song

恭喜发财
Gōngxǐ Fācái

扫一扫看视频
演唱：刘德华
填词：刘德华　李安修
作曲：陈德建

我恭喜你发财　我恭喜你精彩

最好的请过来　不好的请走开

OH 礼多人不怪

我祝　满天下的女孩

嫁一个好男孩　俩小口永远在一块

我祝　满天下的小孩

聪明胜过秀才　智商充满你脑袋

我祝　尊敬的姑奶奶

三十六圈的比赛　气不喘面容不改

我祝　三叔公的买卖

生意扬名四海　财运亨通住豪宅

大摇大摆　乐天替你消灾

恭喜发财　要喊得够豪迈

恭喜发财　我恭喜你发财

我恭喜你精彩　最好的请过来

不好的请走开　礼多人不怪

我祝　大家笑口常开

用心把爱去灌溉　明天呀我们更厉害

我祝　在世界的舞台

跑得比那黑人更快　岁岁年年出人才

大摇大摆　乐天替你消灾

恭喜发财　要喊得够豪迈

我恭喜你发财　我恭喜你精彩

最好的请过来　不好的请走开

OH 礼多人不怪

我恭喜你发财　我恭喜你精彩

最好的请过来　不好的请走开

礼多人不怪

恭喜发财

刘德华（Andy Lau），1961年9月27日出生于中国香港，著名演员、歌手、影视明星，2000年被评为世界十大杰出青年。

语言实践　Language Practice

调查报告

课后采访几位中国同学，看一看中国在不同历史时期中国际贸易的发展历程。

姓名	
年龄	
专业	
古代贸易史	
改革开放前	
改革开放后	
未来发展	

评分项	综合表现	陈述内容	语言表达
单项分值	20	40	40
单项得分			
总分			
建议			

调查报告参考：

　　____年____月____日，我采访的同学是……，他/她向我介绍了中国的中代贸易史……

　　然后，他/她向我介绍了中国在改革开放前的国际贸易情况……

学习笔记　Learning Notes

主题词汇云图：

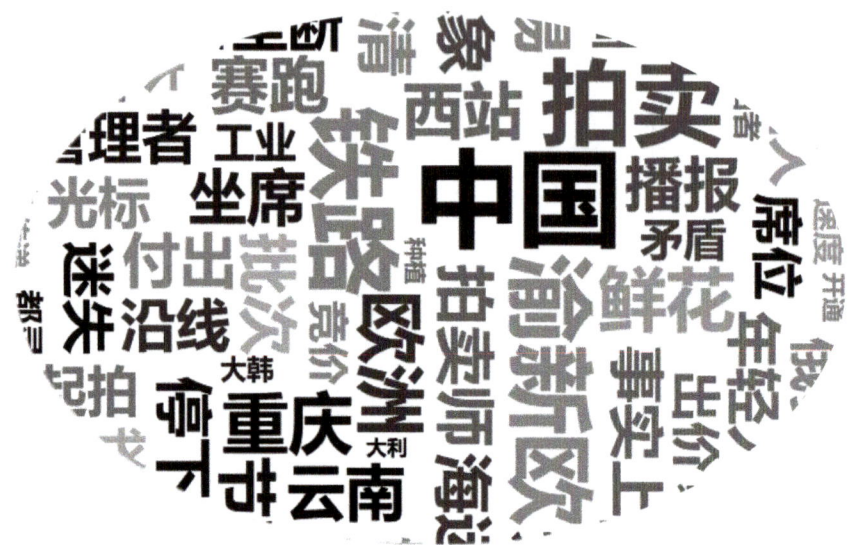

记住了哪些词语	
学会了哪些句子	
学会了哪几种表达	
自我评价	① 现在是否能和别人谈论一下关于贸易的看法？ ② 你对课文和练习中的哪些内容感兴趣？ ③ 是否同意课文所表达的观点？

5 国情篇

National Conditions

视听目录

精视精听：城市化

扩展视听：国人幸福感数据调查

歌曲欣赏：少年

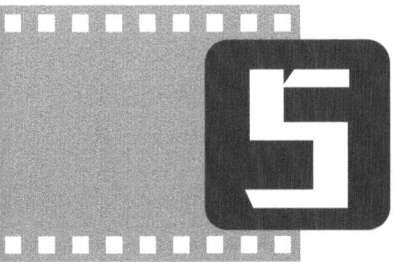

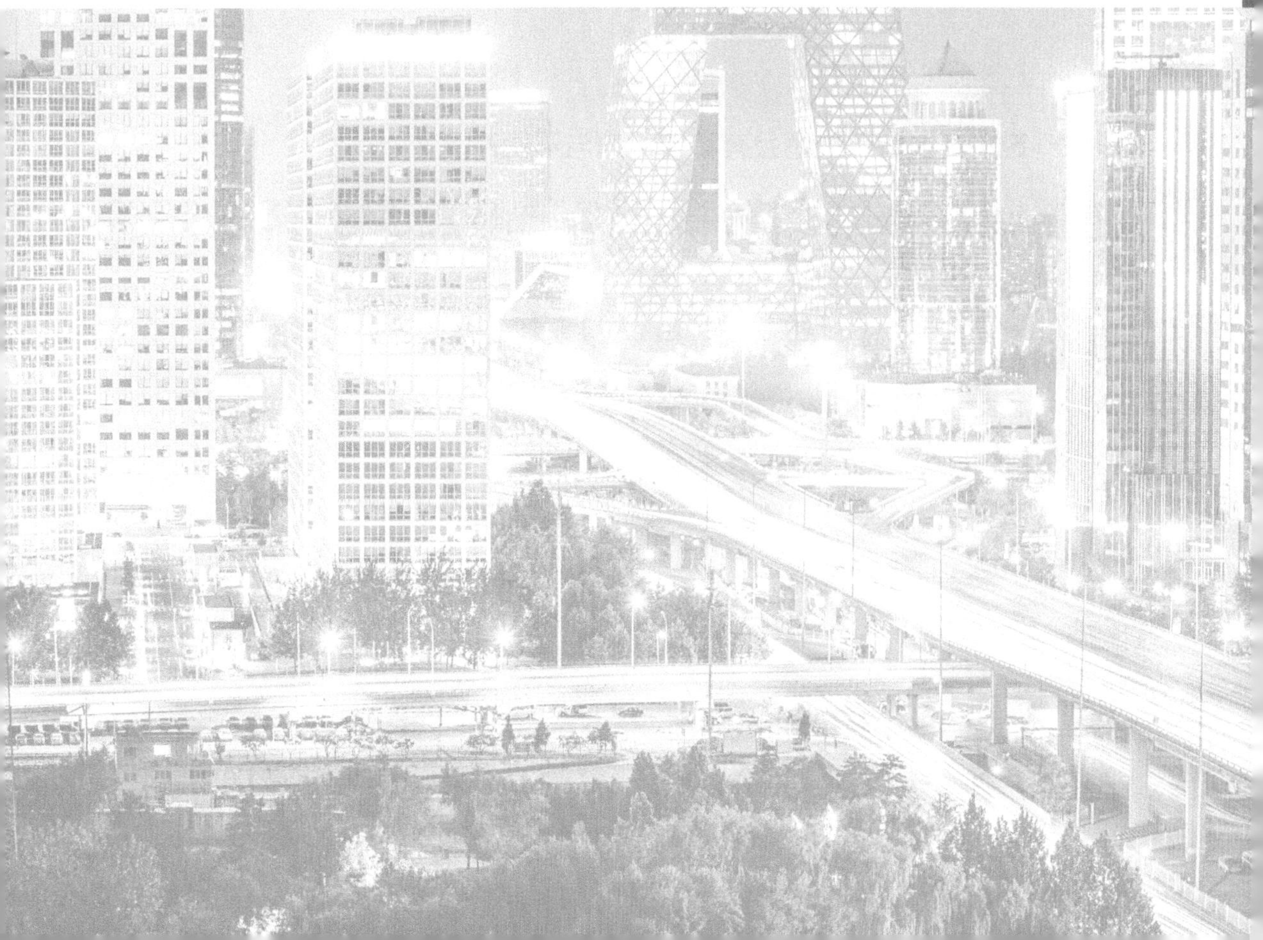

热身　Warm-up

　　城市化也称为城镇化，是以农业为主的传统乡村型社会向工业和服务业等非农产业为主的现代城市型社会逐渐转变的过程。随着中国城市化进程的加快，原有对人口流动的控制政策逐渐放开。大量农民工流向了城市，在推动中国经济和社会持续、快速、健康发展的同时，也带来了一系列的问题。交通、儿童教育、医疗资源、福利、养老、房价等社会问题也越来越多地摆在人们面前。

- **你认为城市与农村的差别主要体现在哪些方面？**

  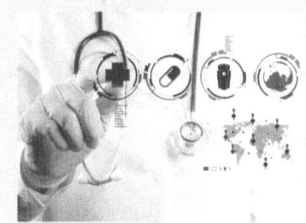

- **说一说：在大城市生活会有哪些优势与不便？**

精视精听　Intensive Watching and Listening

城市化　Chéngshìhuà

扫一扫看视频
视频类型：专题片
语言形式：旁白；访谈
时长：17分52秒

Part 1　　00:01-04:12

---

1 **词语学习** [课前预习，可参考附录中的词语表]

动词（v.）	凸显 (tūxiǎn)	城镇化 (chéngzhènhuà)
	积攒 (jīzǎn)	养殖 (yǎngzhí)
	务工 (wùgōng)	融入 (róngrù)
名词及名词短语 （n. & np.）	雾霾 (wùmái)	流动人口 (liúdòng rénkǒu)
	暂住证 (zànzhùzhèng)	派出所 (pàichūshǒ)
	吊顶 (diàodǐng)	天花板 (tiānhuābǎn)
	书记 (shūjì)	
形容词（adj.）	揪心 (jiūxīn)	自发 (zìfā)
	真诚 (zhēnchéng)	浓烈 (nóngliè)
专有名词（PN）	京津冀 (Jīng-Jīn-Jì)	长三角 (Cháng-Sānjiǎo)
	珠三角 (Zhū-Sānjiǎo)	高碑店村 (Gāobēidiàn Cūn)

（1）试着从汉字结构解释"凸显"一词的含义，对比"凸显"和"明显"一词的区别并填空：

① 很_____，他刚才误解了我的意思。

② 在计划生育政策实行 30 多年后，老龄化问题日益_____。

③ 刮了一夜大风，空气质量_____改善。

④ 性别比例失衡已经成了_____的社会问题。

（2）"养殖"主要是指家禽、家畜和水产动物的培育、繁殖，试着对比一下"养殖"和"种植"一词的区别。下面哪些属于养殖业：养鸡、养猪、养鱼、养宠物、养花、养孩子、种菜、种粮食、种果树、种花。

（3）"雾霾"是"雾"和"霾"的组合词，说一说近年来中国社会对雾霾的看法。你认为雾霾是哪些因素引起的？比如：工业生产、汽车尾气、燃煤、气候变暖、工地扬尘、人口增长、经济发展、全球化。

（4）中国社会调查中经常提到"流动人口""常住人口"与"户籍人口"，试着理解三者的区别并填空：

① _____是指全年经常在家或在家居住 6 个月以上的人。

② _____是非常住人口。

③ _____指在其经常居住地的公安户籍管理机关登记常住户口的人。

（5）"揪心"是指让人担心、难受甚至心碎的感觉。说一说现实生活中有哪些令人"揪心"的事情。

2 内容提示

2014 年初，一场影响中国多个地区、持续多日的大范围雾霾天气，使令人揪心的大城市病凸显。在可查的数据中我们看到……

带着下面的问题看视频：

· 根据数据，中国正在发生什么变化？

· 外来打工人员的"痛"指的是什么？

3 观看第一遍视频，完成练习

（1）根据视频内容判断对错

① "雾霾" 主要集中在几个大城市。 　　　　　　　　　　　　（　　）

② 根据统计数据来看，北京市的流动人口增长速度最快。 　　（　　）

③ 胡来宏离开家乡以后就来到北京打工。 　　　　　　　　　（　　）

④ 当时，没有北京户口和暂住证不能在北京居住和生活。 　　（　　）

⑤ 胡来宏夫妻在高碑店村买了房子。 　　　　　　　　　　　（　　）

（2）分组讨论：根据视频内容填写表格

场景一	人物采访	谈话人	胡来宏
	① 身份： ② 主要经历：		

场景二	人物采访	谈话人	支芬
	① 身份： ② 主要内容：		
关键词提示	古典家具商户、木工、照相馆、服装、养殖、暂住证、高碑店村、书记、产业		

4 综合注释

- 到 2013 年底，中国城镇化率已达到 53.73%，并形成了京津冀①、长三角②、珠三角③等区域性大城市群，中国正在成为一个城市化国家。

- 那个时候必须要办暂住证④，当地派出所就管外来务工人员，管得很严。

- 2003 年的 10 月份，高碑店村召开古家具展示会，结果一炮打响⑤。

- 我们安徽有很多老乡，都在做这个行业，我们自发地想抱团儿⑥发展。

① 京津冀

是指以首都经济圈概念为核心的城市区域，包括北京市、天津市和河北省 13 个中小城市，是中国北方经济规模最大的城市协同发展地区。

② 长三角

即长江三角洲城市群，是以长江三角洲为基础，延伸扩大的经济协作区域，以上海市和江苏省、浙江省的 16 个城市为核心区。

③ 珠三角

即珠江三角洲城市群，以广州、深圳、珠海等 9 个城市为核心，是国际贸易、先进制造业和现代服务业的发展基地。

④ 暂住证

暂住证制度是改革开放以后的一种人口管理方式。北京于 2016 年 10 月 1 日起正式实行居住证制度，取消暂住证制度。

⑤ 一炮打响

【成】比喻事情进展顺利，一开始就取得了成功。

例：对于企业来说，如何让新产品一炮打响至关重要。

⑥ 抱团儿

指为了共同的利益，紧密地团结在一起，多用于口语。

例："抱团儿养老"正在成为一种新型的养老模式。

5 再看一遍，边看边做

（1）根据视频内容填空

> 数据　融入　创业　积攒　区域性　城镇化

① 在可查的_____中我们看到，从 1980 年到 2013 年的 33 年期间，北京市的流动人口由 18 万增加到 802 万。到 2013 年底，中国_____率已达到 53.73%，并形成了京津冀、长三角、珠三角等_____大城市群，中国正在成为一个城市化国家。

② 因为我_____的话，经历了很多，然后挣到的钱也赔掉了。后来又从打工开始，然后慢慢_____自己的原始资金。

③ 我觉得我们在北京也干那么多年了，迟早都会_____北京的。

（2）分组讨论：分析片中的话语内容并完成练习

① 片中胡来宏提到："我爸也是做木工的，他正好来了，来了还没待两天（呢），又来查。"

副词"还"常在谈话中用来陈述事实，表达动作状态的持续。后面可以加语气词"呢"，有加强语气的作用。试着用其他副词表达相同的意思。

② "还"后面也可以加名词或动词短语，常用于表达负面情感，有责怪、不满、嘲讽的语气。试着分析下面两个对话表达了什么意思。

A：听说你升职了，什么时候请客啊？

B：还升职呢，工资都快发不出来了。

A：我向您推荐的这款产品可是新上市的国际一线品牌。

B：还国际一线品牌呢，连基本的售后服务都没有。

Part 2　04:13–07:50

1 词语学习［课前预习，可参考附录中的词语表］

动词（v.）	关注 (guānzhù)　乞讨 (qǐtǎo)　歧视 (qíshì) 僵死 (jiāngsǐ)　预示 (yùshì)　推进 (tuījìn) 攀升 (pānshēng)　冲破 (chōngpò)　发动 (fādòng) 集资 (jízī)
名词及名词短语 （n. & np.）	价值观 (jiàzhíguān)　地域 (dìyù)　条例 (tiáolì) 国民经济 (guómín jīngjì)　此后 (cǐhòu) 阻力 (zǔlì)　泥腿子 (nítuǐzi)　难关 (nánguān) 民俗 (mínsú)
固定结构（IE）	动荡不安 (dòngdàng-bù'ān)　人心思定 (rénxīn-sīdìng) 探亲访友 (tànqīn-fǎngyǒu)　登堂入室 (dēngtáng-rùshì)
专有名词（PN）	民政部 (Mínzhèng Bù)　国务院 (Guówùyuàn)

（1）"关注"是指对某人或某件事情的重视，例如"引起关注""受到关注""值得关注"。说一说什么是网站或微信、微博里面的"加关注"和"取消关注"。

（2）"歧视"是指社会中对待某些特定人群的不平等看法和待遇。试着说一说社会中可能存在的歧视现象，比如：家庭、性别、种族、肤色、地域、教育程度、财富地位、文化差异等方面。

（3）试着比较一下"预示"和"显示"的含义和用法，并完成以下填空：

　　① 订货量下降、库存增加，_____个人消费支出的增长幅度将会缩减。

　　② 这次访问促进了两国人民的相互了解，并_____了两国关系美好的未来。

③ 调查报告_____，手机用户平均每周收到垃圾短信息 11.4 条。

④ 最新研究_____，九成的国人不懂"健康"。

（4）下面哪些词语可以与"冲破"搭配？

    ① 阻力   ② 障碍   ③ 防线   ④ 困难   ⑤ 习惯

（5）"条例"是由各个行政部门根据法律制定的具体管理规定。试着解释什么是《食品安全条例》《公共场所控制吸烟管理条例》。

2 内容提示

    它反映了我们整个社会的一个价值观、一个对人的态度、一种社会歧视的立场，它发生了一个很大的根本性的变革……

带着下面的问题看视频：
- 中国为什么要进行户籍制度改革？
- 专家是如何看待人口流动问题的？

3 观看第一遍视频，完成练习

（1）根据视频内容判断对错

① 自由流动人口少代表社会制度稳定。   （   ）

② 中国的户籍制度是 1949 年制定的。   （   ）

③ 改革开放以前，北京市的人口流动原因主要是旅游。   （   ）

④ 改革开放推动了人口流动的增长。   （   ）

⑤ 人口流动促进了中国经济的发展。   （   ）

（2）分组讨论：根据视频内容填写表格

场景一	人物采访		谈话人	赵孟营
	① 身份：_____ 大学 _____ 系主任　教授 ② 话题： ③ 主要观点：			
场景二	人物采访		谈话人	翟振武
	① 身份：_____ 大学 _____ 学院　院长 ② 话题： ③ 主要观点：			
场景三	人物采访		谈话人	褚连清
	① 身份：_____ 市 _____ 区 _____ 乡 _____ 村　副书记 ② 话题： ③ 主要观点：			
场景四	人物采访		谈话人	邢桂芬
	① 身份：_____ 古典家具有限公司　经理 ② 话题： ③ 主要观点：			
关键词提示	价值观、社会歧视、开放、改革开放、农民、环境、管理、协调、服务			

4 综合注释

- 流动人口很少的一个社会，特别是那种主动的、自由流动人口很少的，一定是一个等级制⑦非常强烈的社会，是一个没有活力、僵死的社会。

- 目前实施的户籍制度⑧诞生于1958年的《中华人民共和国户口登记条例》。那时，历经了100多年动荡不安的中国社会人心思定，迫切需要恢复稳定的社会秩序，实现国民经济的有计划发展。

- 改革开放以后，流动人口冲破很多的阻力和障碍，逐渐登堂入室⑨，形成了中国大地上一条非常亮丽的风景线。

⑦ 等级制

指任何社会活动都要通过上下级关系进行管理的方式。

⑧ 户籍制度

户籍制度是一项基本的国家行政制度。中国历史上的户籍制度是与土地直接联系的，以家庭、家族为主的人口管理方式。现代户籍制度以人口登记、管理为主要目的。国家于2014年出台了新的户籍改革政策，逐步取消农业户口，全面实施居住证制度。

⑨ 登堂入室

【成】堂，古时指房屋的前厅；室，指后院正屋。比喻地位得到提升和认可。

例：随着动漫产业的发展，一些美术院校也开设了相关课程，漫画终于可以登堂入室了。

5 再看一遍，边看边做

（1）根据视频内容填空

> 动荡　立场　秩序　客户　商户　红火　价值观

① 它反映了我们整个社会的一个_____、一个对人的态度、一种社会歧视的_____，它发生了一个很大的根本性的变革。

② 目前实施的户籍制度，诞生于 1958 年的《中华人民共和国户口登记条例》。那时，历经了 100 多年_____不安的中国社会人心思定，迫切需要恢复稳定的社会_____，实现国民经济的有计划发展。

③ 2004 年一年的时间，高碑店村引进了 200 多个古家具_____，古家具一条街逐渐形成，而且还吸引了许多国外_____。加入高碑店村的胡来宏，生意越来越_____。

（2）分组讨论：分析片中的话语内容并完成练习

① 片中提到："改革开放以后呢，流动人口冲破很多的阻力和障碍，逐渐登堂入室，形成了中国大地上一条非常亮丽的风景线。"

这里的"登堂入室""风景线"是比喻用法。试着根据语境，说说它们分别比喻的是什么。你知道下面这些词语比喻什么吗？"喝西北风、敲门砖、死胡同、月光族、低头族。"

② 片中提到："说白了，什么叫管理，其实更确切地说是服务。为什么？你如果服务范围得到了商户的认可，那自然就形成了管理。"

这段话中的"管理"和"服务"本来是完全不同的两个概念，说话人将它们放在一起类比，用于吸引听话人的注意，然后再进一步解释自己的观点。试着理解蓝色词语的表达方式，并用这种表达方式对以下概念做出解释：

A. 拖延症—懒惰

B. 业务重组—公司裁员

C. 创新思维—打破常规

Part 3　07:51-12:30

1 **词语学习** [课前预习，可参考附录中的词语表]

动词（v.）	搁 (gē)	认同 (rèntóng)
名词（n.）	区委 (qū-wěi)	区政府 (qūzhèngfǔ)
副词（adv.）	一度 (yídù)	将近 (jiāngjìn)
固定结构（IE）	以人为本 (yǐrén-wéiběn)	据统计 (jù tǒngjì)

（1）"搁"是指把某件物品放在一个地方，多用于口语。试着解释"把钥匙搁在桌上"是什么意思。

（2）"认同"表示接受、赞同的态度，多用于对其他人的做法。说一说下面哪些是它的近义词：认为、同意、认可、赞同、同时、认识。

（3）"区委"是"中国共产党××区委员会"的简称。在中国，"市委"和"市政府"分别是什么部门？

（4）"一度"表示在过去一段时间内发生并存在的事情，多用于较正式的表达。例如：这款产品曾经一度达到90%的市场占有率。在下面的句子里，"一度"应放在句中的什么位置？

　① 他失眠严重。

　② 学校组织过这样的毕业舞会。

　③ 我怀疑自己的判断。

（5）"将近"常用于表示数量上比较接近，多用于非正式的表达。例如：他收藏了将近一万张邮票。试着比较一下"将近"和"几乎"在用法上的差别。

2 内容提示

　　一个拥有 13 亿人口的发展中大国实现城镇化，在人类发展史上没有先例。中国城镇化的核心是……

> 带着下面的问题看视频：
> · 中国城镇化的核心是什么？
> · 为什么石景山区要成立居民互助服务站？

3 观看第一遍视频，完成练习

（1）根据视频内容判断对错

① 常住人口包括户籍人口和流动人口。　　　　　　　　　（　　　）

② 小饭桌指的是孩子们吃饭的桌子。　　　　　　　　　　（　　　）

③ 中国的户籍制度落后于经济发展的需求。　　　　　　　（　　　）

④ 在刘学军的老家河南，有很多年轻人来城市打工。　　　（　　　）

⑤ 如果用农村国家的治理模式来治理城市国家就会产生矛盾。

　　　　　　　　　　　　　　　　　　　　　　　　　　（　　　）

（2）分组讨论：根据视频内容填写表格

	谈话人	刘学军	家乡	
	主要经历	① 来京时间：		
		② 居住地点：		
		③ 家庭成员：		
		④ 从事工作：		
		⑤ 有何愿望：		
	关键词提示	河南、石景山、打工、互助、流动人口、小饭桌		

4 综合注释

- 中国城镇化的核心是以人为本[10]，提高城镇人口素质和居民生活质量是首要任务。

- 据统计，2013 年我国的城镇化率[11]达 53.7%，而按城镇户籍人口计算的城镇化率仅 35.7%，两者之间存在着 18 个百分点的差距。

- 为什么户籍人口[12]和常住人口[13]差距会这么多？恰恰说明了我们的户籍制度跟不上这个经济社会发展的需求。

⑩ 以人为本

指把人作为主体的发展观念。强调人在社会发展中的地位和作用，重视人民的需求和利益。对比观点：以物为本。

⑪ 城镇化率

是城市化的度量指标，有以下两种计算方式：按照城市户籍的人数或实际在城市居住的人数除以人口总数。

⑫ 户籍人口

本义指向户籍管理机关登记了常住户口的人。这里接上文，指按户籍人口计算的城镇化率，是中国根据户籍制度一直沿用的计算方法。

⑬ 常住人口

本义指实际经常居住在某地区的人（一般时间为半年以上）。这里指的是按常住人口计算的城镇化率，是国际通用的人口计算方法。

5 再看一遍，边看边做

（1）根据视频内容填空

> 打拼　就业　就医　一度　35.7%　53.7%　据统计

① 北京石景山区有 60 多万的常住人口，其中，流动人口达到 22 万多人。流动人口的 _____、居住、_____、子女就学等问题，显然，对今天北京的城市服务管理提出了巨大的挑战。

② 在北京_____的生活并不容易，刘学军_____不得不把孩子送回了河南老家。

③ 流动带来了人生许多的可能性，可追梦之路并不轻松。_____，2013 年我国的城镇化率达_____，而按城镇户籍人口计算的城镇化率仅_____，两者之间存在着 18 个百分点的差距。

（2）分组讨论：分析片中的话语内容并完成练习

① 片中提到："2013 年我国的城镇化率达 53.7%，而按城镇户籍人口计算的城镇化率仅 35.7%，两者之间存在着 18 个百分点的差距。为什么户籍人口和常住人口差距会这么多？恰恰说明了我们的户籍制度，跟不上这个经济社会发展的需求。"

53.7% 的城镇化率是什么意思？是根据什么算出来的？试着分析根据户籍人口和常住人口计算出的城镇化率之间为什么会存在 18% 的差距。

② 片中提到："流动带来了人生许多的可能性，可追梦之路并不轻松。"你同意这个说法吗？你的生活中有没有"流动"？带来了哪些可能性？说一个你自己或者你朋友的故事，用"流动带来了人生许多的可能性……"来引入话题。

Part 4　12:31-17:52

1　词语学习 [课前预习，可参考附录中的词语表]

| 动词及动词短语（v. & vp.） | 可持续发展 (kěchíxù fāzhǎn) | 裂变 (lièbiàn) |

名词（n.）	北漂 (běipiāo)	蚁族 (yǐzú)	人情味儿 (rénqíngwèir)
	归属感 (guīshǔgǎn)	力度 (lìdù)	课题 (kètí)
形容词（adj.）	大气 (dàqi)		
固定结构（IE）	总体来说 (zǒngtǐ lái shuō)		
专有名词（PN）	共青团北京市委 (Gòngqīngtuán Běijīng Shì-Wěi)		

（1）"可持续发展"指自然、经济、社会的协调统一发展，这种发展既能满足当代人的需求，又不对后代人满足其需要的能力构成危害。说一说哪些是可持续发展的做法：垃圾分类、新能源汽车、全球化、城市化、开采石油。

（2）"北漂"和"蚁族"是流行词语，指现在很多年轻人在大城市寻找工作机会、努力实现梦想的生活状态。前者特指没有北京户口、在北京工作的人；后者形容收入不高、租房居住且生活条件较差的大学毕业生。说一说下列流行词语的意思：吃土、吐槽、驴友、粉丝、no zuo no die。

（3）"归属感"是指个人感觉自己被别人或被团体认可与接纳时的一种感受。说一说，你来中国留学以后，在什么情况下有归属感。从下列带"感"的词语中挑一个，说一句话：成就感、危机感、幽默感、自卑感、自豪感、幸福感、优越感。

（4）"力度"本义是力量的强度，常用于指做事情的决心和坚决程度。试着对比"力度"和"力量""强度"的差别，并用这几个词完成以下搭配：
①集中优势_____；②加大执行_____；
③手机信号_____；④提高宣传_____。

（5）"课题"是指需要研究、解决的问题。试着解释什么是"社会课题""国家课题""课题申报"。

2 内容提示

我是 2010 年 2 月 19 号来到北京，正好正月初六。然后之后我跟我的母亲，年前就打好招呼了……

带着下面的问题看视频：
· 北京给这些年轻人提供的是什么？
· "大城市病" 主要指的是什么？

3 观看第一遍视频，完成练习

（1）根据视频内容判断对错

① 起初，庞迪没有打算在北京长期住下去。 （   ）

② 庞迪的妈妈支持他去北京工作。 （   ）

③ 北京的竞争很激烈，缺少人情味儿。 （   ）

④ 青年汇社区可以帮助外来青年人找工作。 （   ）

⑤ 欧美发达国家已经完成了城市化的过程。 （   ）

（2）分组讨论：根据视频内容填写表格

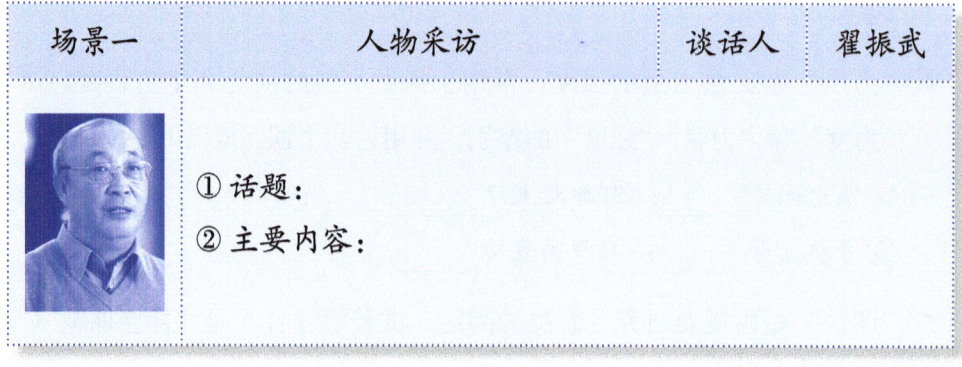

场景一	人物采访	谈话人	翟振武
	① 话题： ② 主要内容：		

场景二	人物采访		谈话人	宋贵伦
	① 身份： ② 话题： ③ 主要内容：			
关键词提示	比例、组成、流动人口、北漂、艺术家、培训、打工者、大城市病、交通、资源、管理、协调			

4 综合注释

- 我是 2010 年 2 月 19 号来到北京，正好正月初六[14]。

- 我觉得北京还是一个比较有人情味儿[15]的一个城市。它呢，虽然说竞争比较激烈，但是也能够挖掘你内心的一种潜力。

- 截至 2013 年底，共青团[16]北京市委已在全市建立 350 家社区青年汇。其中，大部分建在流动人口多的社区，越来越多的流动青年人在这里找到了归属感。

⑭ 正月初六

正月，是指中国农历的第一个月。正月初六是正月的第六天。春节的节日活动从除夕开始，到正月十五结束，是一家人过年团圆的日子。

⑮ 人情味儿

指人与人之间相互理解、关爱、帮助，令人温暖感动的感情。

例：我们公司的老板总是把利益放在第一位，让人感觉缺少了点人情味儿。

⑯ 共青团

共青团是中国共产党领导下的青年群众性组织，下设各级组织机构。

5 再看一遍，边看边做

（1）根据视频内容填空

> 拥堵　学历　北漂　资源　潜力　竞争　人情味儿

① 根据调查统计，截至 2013 年 5 月，在北京市 773 万流动人口中，具有大专以上_____的 80 后流动青年有 72 万人，他们被称作"_____"或者"蚁族"。

② 我觉得北京还是一个比较有_____的一个城市。它呢，虽然说_____比较激烈，但是也能够挖掘你内心的一种_____。

③ 人口的过快增长使我们现在城市的运行当中面临着许多问题，比如说交通_____，比如说各种_____紧张，比如说管理难度加大等等。这些大城市病，这几年就凸显了出来。

（2）分组讨论：分析片中的话语内容并完成练习

① 口语语篇中经常会省略话题或句子成分，有时候说话人为了说明自己内心的想法，也常常出现一些词语重复、语序颠倒、倒装后补的现象。试着对下面的句子进行分析，找出不规范的地方并改成准确而简洁的表达形式。

A. 最开始来到北京的时候，因为没有太多的亲人和朋友嘛，周末的时候是最快乐，也是让你最无奈的一件事，就是没有太多的人去沟通去交流。

B. 我觉得北京还是一个比较有人情味儿的一个城市。它呢，虽然说竞争比较激烈，但是也能够挖掘你内心的一种潜力，然后能够，就是说使你上升的那种。

② 片中提到："城市化在很大程度上是现代化的同义词，流动人口居住问题不仅仅是一个经济上投资和物质环境上改善的问题，同时还是一项深刻的社会规划和社会运动。"

试着用句中蓝色词语的表达结构完成练习。

参考话题：谈一谈来中国学习汉语的收获。

语言注释

1. 提起……（提起过去刚来北京那时候，确实是不容易。）

表示开始引入新的话题，相当于"说到""谈到"。常用作句首插入语，后面分句可加"就"。例如：

① 提起求职招聘，很多人马上就会想到写简历、面试。

② 提起网络购物，价格优势和方便的送货服务是人们选择它的最主要原因。

③ 提起喜剧，不得不提的一个人物就是周星驰，他几乎占据了 20 世纪 90 年代喜剧票房的大半。

2. 一开始……（一开始只有十几个孩子，现在将近一百个孩子，小饭桌简陋的小院显得更加拥挤。）

常用于叙述性句群，表示时间的起点状况以及事情的发展变化。例如：

① 一开始，小偷并不承认自己偷了东西。后来，商场提供了现场视频录像，证明了他的盗窃行为。

② 一开始他俩没有争吵，只是各自查看了车辆损伤，后来在判定责任的时候出现了分歧。

③ 伦琴意外地发现了 X 射线，一开始，并没有意识到它的作用。直到 20 年后，X 光才开始大量用于医学。

3. 据统计（据统计，2013 年我国的城镇化率达 53.7%。）

常用于正式表达方式，说明消息的来源真实、可靠。例如：

① 据统计，开车看手机时发生事故的概率是普通驾驶的 23 倍。

② 据统计，去年上半年出生人口同比上升了 6.9%，其中二孩出生占比超过 40%。

③ 据统计，今年"双十一"天猫购物节单日营业额突破 2000 亿元人民币，再次刷新了历史纪录。

4. 使得（它最大的变化，就是由工业化促进城市的劳动岗位增长，然后使得农村人口向城市自由流动。）

常用于说明性复句或句群，出现在后面小句的句首，表示承接或直接因果关系。例如：

① 现实总是不够完美，使得希望有时候就像是一场赌博。

② 受冷空气影响，前晚开始我市各地就已出现了不同程度的降雨，使得昨日最低气温仅为 7℃。

③ 由于"双十一"购物节的来临，部分品牌提前促销，中国 LED 灯泡价格明显下滑，使得全球 LED 灯泡价格结束两个月的持稳态势，开始下跌。

5. 总体来说 / 看（从总体上来说，我们一方面要顺着流动潮、城市化的大趋势推动；一方面呢，我们要走人口、资源、环境协调发展的道路。）

常用于说明性句群或语段，表示总结关系。例如：

① 商务部相关负责人表示："总体来看，我国外贸回稳向好的趋势并没有改变。"

② 今年高考数学试题突出了对能力的考查。总体来说，较去年难度略有下降，没有偏题怪题。

③ 李克强总理表示：在继续扩大总需求的同时，推动结构性改革。总体来说，中国经济希望大于困难。

综合练习

1. 选词填空

人口　规模　资源　管理　探索　价值观　城镇化

（1）这家公司的（　　　　）在 100 人左右，去年销售额超过 5000 万元。

（2）农村人口向城市的流动也推进了城市（　　　　）改革。

（3）统计数据显示，深圳在 2015 年有常住（　　　　）1137.87 万，其中户籍人口 354.99 万。

（4）一个拥有 13 亿人口的发展中大国实现（　　　　），在人类发展史上没有先例。

（5）中国是世界上人口最多的国家，在发展过程中面临人口、（　　　　）与环境的问题。

（6）科学就是要用学到的知识去（　　　　）未知的世界。

（7）《小别离》这部电视剧在孩子是否出国留学的问题上，表现出的是不同的（　　　　）和社会差异。

2. 按正确顺序排列下面的句子，组成句群

（1）表达：＿＿＿＿＿＿＿＿＿＿

a. 2013 年我国的城镇化率达 53.7%

b. 据统计

c. 而按城镇户籍人口计算的城镇化率仅 35.7%

d. 两者之间存在着 18 个百分点的差距

（2）表达：＿＿＿＿＿＿＿＿＿＿

a. 我国城镇化率已达到 53.73%

b. 中国正在成为一个城市化国家

c. 并形成了京津冀、长三角、珠三角等区域性大城市群

d. 截至 2013 年底

（3）表达：_____

    a. 刘学军是河南省固始县人

    b. 县城里的年轻人几乎都到大城市打工

    c. 那是河南人口最多的县

    d. 家里只留下了老人和孩子

（4）表达：_____

    a. 其中流动人口达到 22 万多人

    b. 北京石景山区有 60 多万的常住人口

    c. 对今天北京的城市服务管理提出了巨大的挑战

    d. 流动人口的就业、居住、就医、子女就学等问题

（5）表达：_____

    a. 刘学军的小饭桌受到越来越多居住在这里的流动人口的认同

    b. 现在将近一百个孩子

    c. 一开始只有十几个孩子

    d. 小饭桌简陋的小院显得更加拥挤

3. **根据视频内容选择合适的答案**

（1）片中提到高碑店村想把古典家具作为一个"龙头产业"来做，想表达的是什么意思？

    A. 做成文化产业   B. 做成古典家具的代表

    C. 发挥宣传作用   D. 起到引领和主导作用

（2）片中提到："流动人口冲破很多的阻力和障碍，逐渐登堂入室。"这里的"登堂入室"指的是流动人口在什么方面得到了提升？

    A. 社会地位   B. 数量规模

    C. 居住环境   D. 家庭收入

（3）根据上下文语境，刘学军的"小饭桌"可以解释为：

    A. 吃饭的桌子   B. 为外来打工人员提供的餐厅

    C. 饭桌很小   D. 为外来打工者提供的幼儿园

（4）片中指出户籍人口和常住人口的差距很大，是为了进一步说明：

    A. 户籍制度需要改革   B. 户籍人口统计不合理

    C. 经济社会发展很快   D. 常住人口统计不合理

（5）片中提到："看欧洲的历史，工业化运动从 1750 年开始。工业化促进了城市的劳动岗位增长，然后使得农村人口向城市自由流动……"说话人所表达的主要意思是：

    A. 欧洲工业化历史很早   B. 为了证明工业化可以促进城市化

    C. 欧洲已经完成了城市化   D. 学习欧洲城市化历史对中国有帮助

4. 学习分享

（1）讨论题

    ① 根据统计，中国城市化中的流动人口主要是哪些人？他们原有的生活方式发生了怎样的改变？

    ② 你认为随着城市化的发展，流动人口的增加对城市管理会产生哪些方面的影响？应如何解决？

（2）焦点小组

练习	根据时间安排，选择完成以下任务
说一说	片中提到："现在流动人口当中，70% 左右还是农民，我们叫作乡城流动。然后剩下的一些，都是叫作城城流动，这个大概能占到百分之二十几。"这段话中出现了两个概念——"乡城流动"和"城城流动"，试着解释一下它们的意思，并说说它们的结构形式有什么特点。

练习	根据时间安排，选择完成以下任务
查一查	北京有 2171 万常住人口 只有 1359 万人有户口 所以有 812 万北漂 1246 万人在辛勤工作 地铁每天客运量 1035 万人次 公交每天也有 919 万人次的客运量 平均每天有 539 个小朋友出生 有 315 个人和世界永远告别 ………… 以上数据来自《北京统计年鉴 2018》。请你查一查，看看如今的数字有什么变化。
演一演	你是一名即将毕业的大学生，看到这个招聘广告，认为它有歧视色彩，并对采访你的记者说出你的看法。 招聘市场部经理一名，要求：男，30 岁以下，1.75 米以上，五官端正。名牌大学研究生毕业，谢绝海归。有本市户口，有 3 年以上从业经历。

🔍 **文化链接** | 改革开放 ▼

改革开放

　　改革开放，是中国从 1978 年起开始实行的对内改革、对外开放的政策。40 多年来，中国不断推进改革开放，实现了从计划经济体制到社会主义市场经济体制的转变，推动了社会生产力的提高，促进了人民物质生活水平和精神文明水平的提高。

扩展视听　Extensive Watching and Listening

国人幸福感数据调查
Guórén Xìngfúgǎn Shùjù Diàochá

扫一扫看视频
视频分类：新闻
语言形式：新闻播报
时长：1分12秒

关键词提示

进一步 (jìnyíbù)	财经 (cáijīng)	涵盖 (hángài)	意愿 (yìyuàn)
偏好 (piānhào)	国人 (guórén)	国民 (guómín)	打工仔 (dǎgōngzǎi)
炒股 (chǎo//gǔ)	剩女 (shèngnǚ)	剩男 (shèngnán)	二胎 (èrtāi)
人均 (rénjūn)			[课前预习，可参考附录中的词语表]

综合练习

1. 根据视频内容填写下面的表格

时间		调查者	
话题范围			
调查内容			
之前的调查结果			
评价指标			

2. 根据视频内容选择正确答案

（1）根据新闻，这次调查的目的是什么？

      A. 调查爱好　　　　　　　　B. 调查幸福感

      C. 调查收入　　　　　　　　D. 了解经济生活

（2）下面哪项不属于此次调查的范围？

      A. 收入目标　　　　　　　　B. 健康情况

      C. 投资喜好　　　　　　　　D. 消费情况

（3）根据调查结果，下面哪项结论是不正确的？

      A. 大部分国人感觉幸福　　　　B. 旅游容易产生幸福感

      C. 女性比男性感觉幸福　　　　D. 两个孩子更有幸福感

（4）下面哪项不是国际评价幸福感的指标？

      A. 人均 GDP　　　　　　　　B. 社会帮助程度

      C. 寿命及健康程度　　　　　　D. 心理健康程度

（5）本新闻的主题是：

      A. 公布去年调查结果　　　　　B. 介绍幸福感评价指标

      C. 宣布今年调查活动启动　　　D. 分析影响幸福感的原因

3. 说一说

（1）你感觉自己幸福吗？你认为感觉幸福或不幸福的主要原因是什么？

（2）社会调查常见的方法是什么？你参加过哪些调查？是否准备进行某方面的调查？

▶ **内容提示**

　　为了进一步了解我们的经济生活，近日，中央电视台财经频道启动了 2015—2016 中国经济生活大调查。本次调查涵盖了收入预期、消费意愿、投资偏好、幸福感等诸多话题和领域，我们一起来详细了解一下。

　　中国经济生活大调查启动仪式上发布的 2014 年国人幸福感调查结果显示：中国有 40% 的人感觉幸福或比较幸福。其中感觉幸福的比例，女性要高于男性，分别是 12.24% 和 9.87%。炒股的人比不炒股的人幸福感略高，旅游让人更加幸福，剩女比剩男幸福。大众创业时代，老板比打工仔幸福感更高。而对更火爆的放开二胎话题，调查结果显示：生两个孩子的家庭是幸福感最高的。

　　清华大学积极心理学研究中心介绍：目前，国际评价国家幸福感的指标主要有人均 GDP、遇到麻烦能获得社会帮助的程度、国民寿命及健康程度、选择生活方式的自由度等八项。

歌曲欣赏　Enjoying the Song

少年
Shàonián

扫一扫看视频
演唱：梦　然
作曲：梦　然
歌词改编：罗高丞

1921 壮丽篇章开启
自强不息一定能够创造奇迹
每次受挫都是一次收获
勇往直前是我的选择
昨日的成长都是印记
所有的成绩都值得被铭记
未来在即 梦想一定可期
乘风破浪 我们在一起
Wo oh oh 我还是从前那个少年
初心从未有改变
百年只不过是考验
美好生活目标不断实现
这个世纪少年
使命永远放心间
面前再多艰难不退却
Say never never give up like a fire
探月问天 5G 领跑全球
科技创新 与时俱进绝不放手
2021 新的征程开启
不忘初心 我们在一起
过去的成绩都是底气
新时代一起打赢新的战役
未来已来 更加值得期待
砥砺前行 我们要一起

征途漫漫 唯有奋斗 Come on
征途漫漫 唯有奋斗 Come on
我还是从前那个少年
初心从未有改变
百年只不过是考验
美好生活目标不断实现
这个世纪少年
使命永远放心间
面前再多艰难不退却
Say never never give up like a fire
远望金山上那光芒照耀着四方
把人们的生活一点一点变得闪亮
一步一脚印 撸起袖子加油干
实现中华民族的伟大复兴梦想
十四五期间将会面临新的挑战
相信下份成绩单会更加地好看
从不会空喊 梦想付诸实干
向前看 一起见证更多奇迹实现

> 梦然，1989 年出生于内蒙古乌兰浩特。毕业于沈阳音乐学院，自幼喜爱音乐，6 岁时开始练习钢琴。曾获中国梦之声学员全国 15 强，2019 年 11 月发行原创单曲《少年》，连续多次荣登各音乐平台榜单第一位。

语言实践　Language Practice

调查报告

问一问同学或其他中国朋友，他们是否了解城市化的目的，以及对现有户籍制度有何看法。

姓名	
年龄	
户籍	
对城市化政策的了解	
户口的作用	
对户籍制度的看法	
所在城市户籍改革情况	

评分项	综合表现	陈述内容	语言表达
单项分值	20	40	40
单项得分			
总分			
建议			

调查报告参考：

　　____年____月____日，我进行了有关城市化和户籍制度的调查。我采访的同学是……，他/她谈了自己对城市化更生的了解……

　　然后，他/她向我介绍了一下中国的户籍制度……

学习笔记　Learning Notes

主题词汇云图：

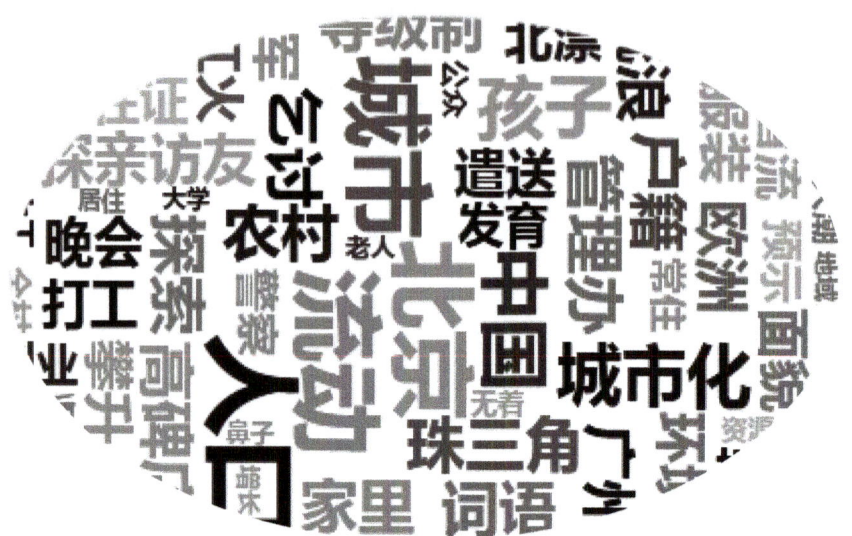

记住了哪些词语	
学会了哪些句子	
学会了哪几种表达	
自我评价	① 现在是否能和别人谈论一下对中国城市化和户口管理政策的看法？ ② 你认为课文和练习中的哪几句话最有用？ ③ 是否同意课文所表达的观点？

附录　Appendixes

词语表（按音序排列）

词语	拼音	词性	英文注释	课号
			A	
阿拉山口	Ālāshānkǒu	PN	Alashankou, a border city in Xinjiang, China	4
阿尼玛卿峰	Ānímǎqīng Fēng	PN	the Animaqing Mountain, located in Qinghai Province	1
按部就班	ànbù-jiùbān	IE	to stick to conventional ways of doing things, to work like a clock	4
澳网	Ào-Wǎng	PN	Australian Open	3
			B	
白俄罗斯	Bái'éluósī	PN	Belarus	4
百感交集	bǎigǎn-jiāojí	IE	to be overwhelmed by highly mixed feelings	3
半决赛	bànjuésài	n.	semifinal	3
包容	bāoróng	v.	to tolerate	2
饱受	bǎoshòu	v.	to suffer a lot from	4
报价	bàojià	v.	to quote, to make an offer	4
背包客	bēibāokè	n.	backpacker, a person who travels with a backpack, usually not spending much money and staying in places that are not expensive	2
北漂	běipiāo	n.	Beijing drifter, non-Beijingers seeking success in Beijing	5
笔触	bǐchù	n.	style of writing or painting, brush stroke (in Chinese painting and calligraphy)	2

标识	biāoshí	n.	sign	2
飙升	biāoshēng	v.	to skyrocket	3
秉持	bǐngchí	v.	to uphold	4
波河	Bō Hé	PN	the Po, the longest river in Italy	4
不尽然	bú jìnrán	IE	not exactly the case	3
不解之缘	bùjiězhīyuán	IE	unbreakable bond, irrevocable commitment	3
不可估量	bùkě-gūliàng	IE	inestimable, beyond estimation	3
不可思议	bùkě-sīyì	IE	to be incredible, to be unimaginable, cannot be imagined	3
不起眼	bù qǐyǎn	IE	unremarkable, of little value or importance	1
……不说	…bùshuō	IE	not to mention	1
不知不觉	bùzhī-bùjué	IE	unknowingly, undetectably	4
不知所措	bùzhī-suǒcuò	IE	to be at a loss, not to know what to do	1

C

才华	cáihuá	n.	talent	4
财经	cáijīng	n.	finance and economics	5
采购商	cǎigòushāng	n.	buyer	4
层面	céngmiàn	n.	aspect, range or scope of a certain level	4
曾几何时	céngjǐhéshí	IE	before long, not long since	3
柴达木盆地	Cháidámù Péndì	PN	Qaidam Basin, the third largest basin in China, located in the northeastern part of the Qinghai-Tibet Plateau	1
长出一口气	cháng chū yì kǒu qì	IE	to sigh with inward relief	3

长三角	Cháng-Sānjiǎo	PN	Yangtze River Delta, a triangle-shaped megalopolis in the heart of the Jiangnan region	5
常态化	chángtàihuà	v.	to become normal	4
敞篷车	chǎngpéngchē	n.	open car, convertible (car)	3
炒股	chǎo//gǔ	v.	to speculate in stocks	5
沉浸	chénjìn	v.	to be immersed in	1
撑过来	chēng guolai	IE	to make it through, to put up with	3
成都	Chéngdū	PN	Chengdu, the capital of Sichuan Province in China	1
成交价	chéngjiāojià	n.	transaction price	4
城镇化	chéngzhènhuà	v.	to urbanize	5
冲刺	chōngcì	v.	to make final efforts for success	4
冲破	chōngpò	v.	to break through	5
充斥	chōngchì	v.	to be glutted with	1
重振雄风	chóngzhèn--xióngfēng	IE	(of a man) to rally one's spirits	3
出乎意料	chūhū-yìliào	IE	to exceed one's expectation, beyond one's expectation	3
出境游	chūjìngyóu	n.	outbound travel	2
出入境检验检疫局	Chū-rùjìng Jiǎnyàn Jiǎnyì Jú	PN	Administration for Entry-Exit Inspection and Quarantine	4
出众	chūzhòng	adj.	outstanding	3
初衷	chūzhōng	n.	(one's) original intention	1
触动	chùdòng	v.	to arouse one's feelings	1
揣	chuāi	v.	to carry in one's clothes	3

创意	chuàngyì	n.	original idea	2
戳	chuō	n.	stamp, seal	4
慈善	císhàn	adj.	charitable	1
此后	cǐhòu	n.	hereafter	5
刺痛	cìtòng	v.	to hurt someone deeply, to prick	3
从……得知	cóng…dézhī	IE	to be told from	1
从而	cóng'ér	conj.	thus, thereby	3
从容	cóngróng	adj.	calm, leisurely, unhurried	2
凑过去	còu guoqu	IE	to move or come close to	2

D

打工仔	dǎgōngzǎi	n.	employed laborer	5
打造	dǎzào	v.	to build, to make	4
打招呼	dǎ zhāohu	IE	to give notice beforehand, to forewarn	4
大漠	dàmò	n.	desert	4
大气	dàqi	adj.	open-minded	5
大师	dàshī	n.	grand master	4
大宗	dàzōng	adj.	large amount or quantity	4
代理商	dàilǐshāng	n.	commission merchant, agent	4
单	dān	m.	*a measure word for business affairs*	4
荡漾	dàngyàng	v.	to ripple	2
导购	dǎogòu	n.	shopping guide	2
登堂入室	dēngtáng-rùshì	IE	to pass through the hall into the inner chamber, to obtain the mastery	5
低落	dīluò	adj.	low, downcast	1

涤荡心灵	dídàng xīnlíng	IE	to clean up one's mind	1
底蕴	dǐyùn	n.	heritage, accumulation	4
地域	dìyù	n.	region	5
帝国	dìguó	n.	empire	4
巅	diān	n.	peak, summit	3
巅峰	diānfēng	n.	peak, summit	3
吊顶	diàodǐng	n.	suspended ceiling	5
吊环	diàohuán	n.	rings	3
吊脚楼	diàojiǎolóu	n.	wood or bamboo house propped up by wooden supports with ladders leading up	2
鼎盛期	dǐngshèngqī	n.	prime	4
定制游	dìngzhìyóu	n.	customized tour	2
冬奥申委	Dōng'ào Shēn-Wěi	PN	Olympic Winter Games Bid Committee	3
东南亚	Dōngnán Yà	PN	Southeast Asia	2
动荡不安	dòngdàng-bù'ān	IE	unsettled, tumultuous	5
斗南	Dǒunán	PN	Dounan, an urban township in Yunnan Province of China	4
都灵	Dūlíng	PN	Turin, a city in northern Italy	4
独占鳌头	dúzhàn-áotóu	IE	to head the list of successful candidates, to be the champion	2
独奏	dúzòu	v.	to perform solo	4
杜伊斯堡	Dùyīsībǎo	PN	Duisburg, a city in Germany	4
多元	duōyuán	adj.	pluralistic	4
多姿多彩	duōzī-duōcǎi	IE	varied and graceful	1

E

俄罗斯	Éluósī	PN	Russia	4
儿科	érkē	n.	pediatrics	1
二胎	èrtāi	n.	second child	5

F

发动	fādòng	v.	to mobilize, to call into action	5
发心	fāxīn	n.	resolve, determination	1
烦琐	fánsuǒ	adj.	complicated and overloaded	1
反差	fǎnchā	n.	contrast	1
菲亚特	Fēiyàtè	PN	FIAT, an Italian automobile manufacturer	4
分毫之间	fēnháo-zhījiān	IE	in the slightest	4
风雨飘摇	fēngyǔ-piāoyáo	IE	swaying in the midst of a raging storm—precarious situations	2
风韵	fēngyùn	n.	charm (of architecture, poem, painting etc.), style	2
锋芒毕露	fēngmáng-bìlù	IE	to show one's ability to the full extent	3
凤凰古城	Fènghuáng Gǔchéng	PN	Ancient Town of Fenghuang, situated in Hunan Province, an old town built up in Ming Dynasty	2
辐射	fúshè	v.	to radiate	4
釜山	Fǔshān	PN	Pusan, a large port city in South Korea	3
负罪感	fùzuìgǎn	n.	sense of guilt	3
复发	fùfā	v.	to suffer a relapse	1
复合型	fùhéxíng	adj.	compound, complex	2
富有	fùyǒu	v.	to abound in, to be rich in	4

G

改革开放	gǎigé kāifàng	vp.	to reform and open to the outside world	3
敢作敢为	gǎnzuò-gǎnwéi	IE	to be bold and decisive in action	3
感性	gǎnxìng	adj.	perceptual, emotional	1
高碑店村	Gāobēidiàn Cūn	PN	Gaobeidian, a village of Chaoyang District, Beijing	5
高原	gāoyuán	n.	plateau	1
搁	gē	v.	to put	5
各持己见	gèchí-jǐjiàn	IE	each speaks his mind	4
工商证	gōngshāngzhèng	n.	industrial and commercial license	3
公章	gōngzhāng	n.	official seal	4
公众	gōngzhòng	n.	the public	2
共青团北京市委	Gòngqīngtuán Běijīng Shì-Wěi	PN	Communist Youth League Beijing Committee	5
共享	gòngxiǎng	v.	to share	4
篝火	gōuhuǒ	n.	bonfire	2
构建	gòujiàn	v.	to establish, to construct	4
骨髓	gǔsuǐ	n.	bone marrow	1
故居	gùjū	n.	(a celebrity's) former residence	2
关乎	guānhū	v.	to concern, to bear upon	3
关节	guānjié	n.	joint	1
关注	guānzhù	v.	to be deeply concerned	5
贯通	guàntōng	v.	to connect, to link or join up	4
冠名	guàn//míng	v.	to give a name to, to be named	3

163

光标	guāngbiāo	n.	cursor	4
归属感	guīshǔgǎn	n.	sense of belonging	5
滚烫	gǔntàng	adj.	boiling	2
国际网联	Guójì Wǎng-Lián	PN	International Tennis Federation	3
国民	guómín	n.	people of a nation	5
国民经济	guómín jīngjì	np.	national economy	5
国人	guórén	n.	fellow countryman	5
国务院	Guówùyuàn	PN	State Council	5

H

哈萨克斯坦	Hāsàkèsītǎn	PN	Kazakhstan	4
海岛	hǎidǎo	n.	island	2
海绵	hǎimián	n.	sponge	3
海运	hǎiyùn	v.	to transport by sea	4
涵盖	hángài	v.	to contain, to cover	5
行情	hángqíng	n.	market condition	4
毫不起眼	háo bù qǐyǎn	IE	of no importance, not attracting attention	1
荷兰	Hélán	PN	the Netherlands	4
黑马	hēimǎ	n.	dark horse—surprise winner	3
恨不得	hènbude	v.	to be anxious to, to be dying or itching to	1
横贯	héngguàn	v.	to traverse	4
怀揣	huáichuāi	v.	to carry in the bosom	1
辉煌	huīhuáng	adj.	brilliant, splendid	3
回荡	huídàng	v.	to reverberate	4

回归	huíguī	v.	to return, to go back	3
混双	hùn-shuāng	vp.	mixed doubles	3
活络	huóluò	adj.	resourceful	2
火爆	huǒbào	adj.	hot, prosperous	2

J

机制	jīzhì	n.	system, mechanism	3
积分	jīfēn	n.	accumulated points	3
积攒	jīzǎn	v.	to save bit by bit, to accumulate	5
基金会	jījīnhuì	n.	foundation	1
吉尔吉斯斯坦	Jí'ěrjísīsītǎn	PN	Kyrgyzstan	4
吉隆坡	Jílóngpō	PN	Kuala Lumpur, the capital of Malaysia	3
吉首	Jíshǒu	PN	Jishou, the capital of Xiangxi Tujia and Miao Autonomous Prefecture	2
即刻	jíkè	adv.	immediately, at once, right away	4
集装箱	jízhuāngxiāng	n.	container	4
集资	jízī	v.	to raise funds	5
季风	jìfēng	n.	monsoon	4
季后赛	jìhòusài	n.	playoff	3
济州岛	Jìzhōu Dǎo	PN	Jeju Island, the largest island in South Korea	2
继任者	jìrènzhě	n.	successor	3
继……之后	jì…zhīhòu	IE	following, after an event of…	1
寄予	jìyǔ	v.	to place (hope, etc.) on	4
假象	jiǎxiàng	n.	false appearance	4

价值观	jiàzhíguān	n.	sense of value, values	5
驾驭	jiàyù	v.	to control, to cope with	3
坚毅	jiānyì	adj.	persevering	1
监管	jiānguǎn	v.	to supervise	4
煎熬	jiān'áo	v.	to suffer, to torment	3
见证	jiànzhèng	v.	to witness	2
将近	jiāngjìn	adv.	nearly	5
僵死	jiāngsǐ	v.	to become ossified	5
焦虑	jiāolù	adj.	anxious	4
接手	jiēshǒu	v.	to take over (duties, etc.)	3
节点	jiédiǎn	n.	stage, phase, period	4
金花	jīnhuā	n.	golden flower, referring to young and beautiful female professionals	3
金牌	jīnpái	n.	gold medal	3
津津乐道	jīnjīn-lèdào	IE	to take delight in talking about something	4
禁得起	jīndeqǐ	v.	to be able to bear or stand	1
进军	jìnjūn	v.	to advance, to march	3
进一步	jìnyíbù	adv.	further	5
京津冀	Jīng-Jīn-Jì	PN	Jing-Jin-Ji Metropolitan Region	5
经商	jīng//shāng	v.	to engage in trade or commercial activities	3
竞技	jìngjì	v.	to compete	3
竞价	jìngjià	v.	to bid against each other	4
竞拍者	jìngpāizhě	n.	bidder	4
敬畏	jìngwèi	v.	to revere	1

窘困	jiǒngkùn	adj.	destitute	3
揪心	jiūxīn	adj.	worried	5
局外人	júwàirén	n.	outsider	4
举国上下	jǔguó-shàngxià	IE	from the leaders of the nation to the common people	3
巨匠	jùjiàng	n.	great master, giant	2
剧组	jùzǔ	n.	crew of a play or film	1
据统计	jù tǒngjì	IE	according to statistics	5
捐献	juānxiàn	v.	to donate	1

K

开创……先河	kāichuàng… xiānhé	IE	to be the first to do something	3
开阔地	kāikuòdì	n.	open terrain	4
凯旋	kǎixuán	v.	to return in triumph	3
铠甲	kǎijiǎ	n.	armour	4
扛得住	kángdezhù	IE	to be able to withstand	1
科室	kēshì	n.	department	1
可持续发展	kěchíxù fāzhǎn	vp.	sustainable development	5
客户群	kèhùqún	n.	customer base	2
课题	kètí	n.	project	5
坑坑洼洼	kēngkēngwāwā	adj.	bumpy	1
空心	kōngxīn	adj.	(of an object) hollow inside	2
口号	kǒuhào	n.	slogan	3
昆明	Kūnmíng	PN	Kunming, the capital of Yunnan Province	4

困惑	kùnhuò	adj.	confused	4
困扰	kùnrǎo	v.	to puzzle, to perplex	4
扩散	kuòsàn	v.	to spread	1

L

老牌	lǎopái	adj.	old and well-established	4
理念	lǐniàn	n.	philosophy, idea, concept	3
理事长	lǐshìzhǎng	n.	chairman of a board of directors	1
力度	lìdù	n.	strength	5
力所能及	lìsuǒnéngjí	IE	within one's power	1
历时	lìshí	v.	to take (a particular amount of time)	1
立见分晓	lìjiàn-fēnxiǎo	IE	to be clear immediately	4
利索	lìsuo	adj.	(of words and action) nimble, agile, dexterous	3
裂变	lièbiàn	v.	to split	5
零配件	língpèijiàn	n.	parts and accessories	4
流动人口	liúdòng rénkǒu	np.	floating population	5
流淌	liútǎng	v.	to flow	2
流言	liúyán	n.	rumor, hearsay	1
龙门吊	lóngméndiào	n.	gantry crane	4
蝼蚁	lóuyǐ	n.	mole crickets and ants, referring to someone of no importance	1
路况	lùkuàng	n.	road condition	1
路子	lùzi	n.	approach, means, way	2

绿皮车	lǜpíchē	n.	green train, the conventional train in China with slow speed and low-ticket price before the era of high-speed train (Now a few green trains are still running in remote and mountainous areas where high-speed trains are not available.)	2
略显	lüèxiǎn	vp.	(to be) slightly, a little bit, somewhat	4
洛杉矶	Luòshānjī	PN	Los Angeles, a city in the US	3
落槌	luò//chuí	v.	to drop the hammer, to wind up	4
落地签	luòdìqiān	v.	to obtain a visa upon arrival	2

M

马六甲海峡	Mǎliùjiǎ Hǎixiá	PN	Malacca Strait	4
毛里求斯	Máolǐqiúsī	PN	Mauritius, an island nation in the Indian Ocean	2
枚	méi	m.	*a measure word for medals*	3
朦胧	ménglóng	adj.	hazy	2
迷失	míshī	v.	to lose (one's way, mind, etc.)	4
免签	miǎnqiān	v.	to be exempt from the visa, to be visa-free	2
渺茫	miǎománg	adj.	uncertain, hopeless	1
民俗	mínsú	n.	folk custom	5
民政部	Mínzhèng Bù	PN	Ministry of Civil Affairs	5
明媚	míngmèi	adj.	bright and beautiful	1
冥冥中	míngmíng zhōng	IE	in an unseen world	1
模型师	móxíngshī	n.	designer	4
莫斯科	Mòsīkē	PN	Moscow, the capital of Russia	3

目的地	mùdìdì	n.	destination	2
慕名	mù//míng	v.	to be out of admiration for a famous name	2

N

难关	nánguān	n.	difficulty or obstacle	5
难以	nányǐ	v.	really difficult to	1
难以启齿	nányǐ-qǐchǐ	IE	to be too embarrassed to say it	3
内陆	nèilù	n.	inland	4
泥腿子	nítuǐzi	n.	bumpkin	5
年仅	nián jǐn	vp.	to be only at the age of	1
念念不忘	niànniàn-búwàng	IE	to always keep in mind	1
袅袅	niǎoniǎo	adj.	(of smoke) curling upwards	4
浓烈	nóngliè	adj.	(of smell) strong	5
女单	nǚ-dān	vp.	women's singles in tennis, badminton, etc.	3
女双	nǚ-shuāng	vp.	women's doubles in tennis, badminton, etc.	3

P

拍卖	pāimài	v.	to auction	4
拍卖师	pāimàishī	n.	auctioneer	4
派出所	pàichūshǒ	n.	local police station	5
攀升	pānshēng	v.	(of quantity, price, etc.) to rise	5
彷徨	pánghuáng	v.	to hesitate	1
批次	pīcì	n.	batch	4
匹配	pǐpèi	v.	to match, to be equal	1

偏好	piānhào	v.	to have a preference for something	5
漂泊	piāobó	v.	to lead a wandering life	3
平房	píngfáng	n.	single-storey house	1
评审	píngshěn	v.	to examine and appraise	4
凭借	píngjiè	v.	to rely on	3

Q

其实不然	qíshí bùrán	IE	actually not the case	2
歧视	qíshì	v.	to discriminate	5
乞讨	qǐtǎo	v.	to beg (for money or food)	5
启蒙	qǐméng	v.	to impart rudimentary knowledge to beginners	3
起拍价	qǐpāijià	n.	starting price	4
起起伏伏	qǐqǐfúfú	IE	ups and downs	3
契机	qìjī	n.	opportunity	2
桥段	qiáoduàn	n.	plot in a film or play	1
切身	qièshēn	adj.	first-hand, personal	3
勤工俭学	qíngōng-jiǎnxué	IE	work-study program	3
青海	Qīnghǎi	PN	Qinghai, a landlocked province in the northwest of China	1
青黄不接	qīnghuáng-bùjiē	IE	the crop is still in the blade while the old stock has been consumed, describing a temporary shortage of food, personnel, etc.	3
青石板	qīngshíbǎn	n.	slabstone, often used for street paving in ancient towns in China	2
轻易	qīngyì	adj.	easy, not difficult	1

倾城出动	qīngchéng chūdòng	IE	to turn out in full force	3
区委	qū-wěi	n.	district committee	5
区政府	qūzhèngfǔ	n.	district government	5
诠释	quánshì	v.	to explain, to elucidate	4

R

人均	rénjūn	v.	per capita	5
人情	rénqíng	n.	human feelings	3
人情味儿	rénqíngwèir	n.	human kindness	5
人文	rénwén	n.	human culture	2
人心思定	rénxīn-sīdìng	IE	to be peace-seeking	5
认同	rèntóng	v.	to approve	5
荣耀感	róngyàogǎn	n.	sense of honor	3
融入	róngrù	v.	to blend in, to integrate, to infuse	5
乳腺癌	rǔxiàn'ái	n.	breast cancer	1
入住率	rùzhùlǜ	n.	occupancy rate	2

S

塞舌尔	Sàishé'ěr	PN	Seychelles, an archipelagic country in the Indian Ocean	2
三大球	sān dà qiú	np.	three ball games: football, basketball and volleyball	3
沙发客	shāfākè	n.	couchsurfer	2
铩羽而归	shāyǔ-érguī	IE	to return with one's wings clipped, describing the state of being defeated	3
筛查	shāichá	v.	to screen	1
山城	shānchéng	n.	mountain city	4

山清水秀	shānqīng-shuǐxiù	IE	bright mountains and limpid waters, green hills and clear waters—picturesque scenery	2
陕西	Shǎnxī	PN	Shaanxi	4
上海东方大鲨鱼	Shànghǎi Dōngfāng Dà Shāyú	PN	Shanghai Sharks, a basketball team in Shanghai	3
身临其境	shēnlínqíjìng	IE	to be personally on the scene, to experience personally	2
深圳	Shēnzhèn	PN	Shenzhen, a modern metropolis in southeastern China	1
生前	shēngqián	n.	time before one's death	1
生涯	shēngyá	n.	career	3
剩男	shèngnán	n.	leftover man	5
剩女	shèngnǚ	n.	leftover woman	5
时空	shíkōng	n.	space and time	2
世家	shìjiā	n.	aristocratic family, family holding high offices for generations	2
世锦赛	shìjǐnsài	n.	world championship	3
仕途	shìtú	n.	official career	3
市面	shìmiàn	n.	market	2
市值	shìzhí	n.	market value	3
释怀	shìhuái	v.	to relieve, to dispel from one's mind	1
手头上	shǒutóu shang	IE	on hand	1
书记	shūjì	n.	secretary	5
舒缓	shūhuǎn	adj.	slow and unhurried	2
帅印	shuàiyìn	n.	seal of a commander-in-chief	3

水到渠成	shuǐdào-qúchéng	IE	the channel is readily formed just as the water comes—success is assured when conditions are ripe	4
税务证	shuìwùzhèng	n.	tax certificate	3
顺理成章	shùnlǐ--chéngzhāng	IE	to follow as a matter of course, to be logical	1
私塾	sīshú	n.	old-style tutorial school	2
苏伊士运河	Sūyīshì Yùnhé	PN	Suez Canal	4
夙愿	sùyuàn	n.	long-cherished wish	1
塑造	sùzào	v.	to shape, to mould	3
随性	suíxìng	adj.	spontaneous	1
琐碎	suǒsuì	adj.	trivial	1

T

塔吉克斯坦	Tǎjíkèsītǎn	PN	Tajikistan	4
台	tái	m.	*a measure word for medical procedures*	1
坦然	tǎnrán	adj.	calm	3
探亲访友	tànqīn-fǎngyǒu	IE	to visit relatives and friends	5
特产	tèchǎn	n.	specialty, special local product	2
体制	tǐzhì	n.	system	3
天赋	tiānfù	n.	talent, gift	3
天花板	tiānhuābǎn	n.	ceiling	5
条例	tiáolì	n.	regulation, ordinance	5
调皮捣蛋	tiáopí dǎodàn	IE	to be mischievous	1
挑战赛	tiǎozhànsài	n.	challenge match	3

铁榔头	Tiě Lángtou	PN	Iron Hammer, a nickname for Lang Ping, a former Chinese volleyball player and head coach of Chinese women's national volleyball team	3
通关	tōngguān	v.	to go through customs	4
铜仁	Tóngrén	PN	Tongren, a city in Guizhou Province	2
捅破……窗户纸	tǒngpò…chuānghuzhǐ	IE	to poke a big hole in the window paper, to point out the truth	3
头饰	tóushì	n.	head ornament, headdress	2
透露	tòulù	v.	to reveal	1
凸显	tūxiǎn	v.	to present clearly	5
途经	tújīng	v.	to pass by	1
推进	tuījìn	v.	to carry forward	5
退役	tuìyì	v.	(of athletes) to retire	3
蜕变	tuìbiàn	v.	to transform	4
脱口而出	tuōkǒu'érchū	IE	to blurt out, to say something unwittingly	3
沱江	Tuó Jiāng	PN	Tuo River, a river flowing in Sichuan Province, one of the major tributaries of the upper Yangtze River	2
驼铃	tuólíng	n.	camel bell	4

W

网管中心	Wǎng-Guǎn Zhōngxīn	IE	Tennis Sports Management Center	3
网坛	wǎngtán	n.	tennis world	3
威严	wēiyán	adj.	majestic	2
微不足道	wēibùzúdào	IE	negligible, not worth mentioning	1
文静	wénjìng	adj.	gentle and quiet	1

闻讯赶来	wénxùn gǎnlái	IE	to rush on hearing the news	1
无不	wúbù	adv.	all, without exception	2
无辣不欢	wú là bù huān	IE	The spicier, the better.	2
无人问津	wúrén-wènjīn	IE	no one is interested in	3
无疑	wúyí	v.	to be undoubted	2
务工	wùgōng	v.	to be engaged in industrial or engineering work	5
雾霾	wùmái	n.	haze	5

X

西宁	Xīníng	PN	Xining, the capital of Qinghai Province	1
席位	xíwèi	n.	vendor's booth, stall	4
显眼	xiǎnyǎn	adj.	prominent, eye-catching	2
县道	xiàndào	n.	county-level road in China	1
现代文学	xiàndài wénxué	np.	modern Chinese literature	2
陷入低谷	xiànrù dīgǔ	IE	to fall into the bottom	3
湘	Xiāng	PN	Xiang, short for Hunan Province	2
湘西土家族苗族自治州	Xiāngxī Tǔjiāzú Miáozú Zìzhìzhōu	PN	Xiangxi Tujia and Miao Autonomous Prefecture, an autonomous prefecture in Hunan Province	2
享乐	xiǎnglè	v.	to seek pleasure, to indulge in creature comforts	2
携手	xiéshǒu	v.	to join hands	4
心目	xīnmù	n.	mind, view	3
欣喜	xīnxǐ	adj.	glad	3
行程	xíngchéng	n.	journey	1

学业	xuéyè	n.	studies, schoolwork	2
血细胞	xuèxìbāo	n.	blood cell	1
血脂	xuèzhī	n.	blood fat	1
巡抚	xúnfǔ	n.	provincial governor in the Qing Dynasty	2
巡回赛	xúnhuísài	n.	tour match	3

Y

雅典	Yǎdiǎn	PN	Athens, the capital of Greece	3
亚运会	Yàyùnhuì	PN	Asian Games	3
眼角膜	yǎnjiǎomó	n.	cornea	1
眼科	yǎnkē	n.	ophthalmology	1
养殖	yǎngzhí	v.	to breed or cultivate	5
一度	yídù	adv.	once	5
一分子	yí fènzǐ	IE	a member (of an organization)	1
以人为本	yǐrén-wéiběn	IE	to put people first, people-oriented	5
蚁族	yǐzú	n.	ant tribe (university graduates from rural China who dream of a better life in big cities but struggle with no fixed job and home)	5
一举	yìjǔ	adv.	at one blow	3
一拍即合	yìpāi-jíhé	IE	to fit in readily, to chime in easily	2
一石激起千层浪	yì shí jī qǐ qiān céng làng	IE	to toss one stone into the river and it stirs up a thousand waves, referring to a small action or an incident that has a serious consequence	3
一时半会儿	yìshí-bànhuìr	IE	brief period of time	4
义诊	yìzhěn	v.	to provide medical treament on a voluntary basis	1

意大利	Yìdàlì	PN	Italy	4
意愿	yìyuàn	n.	wish, desire	5
吟唱	yínchàng	v.	to chant	2
印度尼西亚	Yìndùníxīyà	PN	Indonesia	4
印度洋	Yìndù Yáng	PN	Indian Ocean	4
硬朗	yìnglang	adj.	firm and powerful, (of the old) hale and hearty	4
优化	yōuhuà	v.	to optimize	4
优异	yōuyì	adj.	outstanding	3
优质	yōuzhì	adj.	of high quality	2
悠然自得	yōurán-zìdé	IE	to be carefree and content	2
有望	yǒuwàng	v.	to be expected (to)	1
渝新欧	Yú-Xīn-Ōu	PN	Chongqing-Xinjiang-Europe International Railway	4
预示	yùshì	v.	to indicate, to predict	5
缘分	yuánfèn	n.	predestined opportunity for people to meet and become united	1
怨言	yuànyán	n.	complaint	3
芸芸众生	yúnyún-zhòngshēng	IE	all living things in the world	1
运营	yùnyíng	v.	to operate	4

Z

杂货	záhuò	n.	groceries, sundry goods	2
载入史册	zǎirù-shǐcè	IE	to be recorded in history	3
再生障碍性贫血	zàishēng zhàng'àixìng pínxuè	np.	aplastic anemia	1

在世	zàishì	v.	to be living in the world	2
暂住证	zànzhùzhèng	n.	temporary residence permit	5
藏族	Zàngzú	PN	Tibetan ethnic group	1
遭罪	zāo//zuì	v.	to endure hardships, tortures or rough conditions	2
辗转	zhǎnzhuǎn	v.	to pass through many places	4
绽放	zhànfàng	v.	(of flowers) to burst into full bloom	4
昭示	zhāoshì	v.	to declare publicly	2
着力	zhuólì	v.	to make an effort	4
着眼于	zhuóyǎn yú	vp.	to have something in mind	4
真诚	zhēnchéng	adj.	sincere	5
震撼	zhènhàn	v.	to shake	1
争执	zhēngzhí	v.	to dispute	2
整合	zhěnghé	v.	to integrate	4
之后	zhīhòu	n.	later, after	2
之前	zhīqián	n.	before, prior to	2
直爽	zhíshuǎng	adj.	straightforward, frank, candid	3
只是……而已	zhǐshì…éryǐ	IE	nothing more, merely	4
志同道合	zhìtóng-dàohé	IE	to cherish the same ideals and follow the same path	2
质疑	zhìyí	v.	to question	1
中国旅游研究院	Zhōngguó Lǚyóu Yánjiūyuàn	PN	China Tourism Academy	2
种子选手	zhǒngzi xuǎnshǒu	np.	seeded player	3

重镇	zhòngzhèn	n.	place of strategic importance	4
周游列国	zhōuyóu lièguó	IE	to travel to many countries	4
珠三角	Zhū-Sānjiǎo	PN	Pearl River Delta	5
诸多	zhūduō	adj.	(*used before abstract nouns*) a lot of, plenty of	4
主力	zhǔlì	n.	key player of a sports team	3
助推	zhùtuī	v.	to facilitate	2
注定	zhùdìng	v.	to be doomed	1
专卖店	zhuānmàidiàn	n.	exclusive shop	3
专项	zhuānxiàng	n.	special item	1
自发	zìfā	adj.	spontaneous	5
总体来说	zǒngtǐ lái shuō	IE	generally speaking	5
足以	zúyǐ	v.	(to be) enough	1
阻力	zǔlì	n.	resistance	5
组装	zǔzhuāng	v.	to assemble	4
作秀	zuò//xiù	v.	to show, to play-act	1
坐落	zuòluò	v.	to be located	2